初級モンゴル語
練習問題集

МОНГОЛ ХЭЛ ЭХЛЭН СУРАХ БИЧИГ ДАСГАЛЫН ХУРААМЖ

塩谷茂樹

Ya. バダムハンド

著

東京 **大学書林** 発行

前書き

　本書は、拙著『初級モンゴル語』（大学書林、2001）の練習問題集として新たに編集されたものです。
　私が『初級モンゴル語』を大学におけるモンゴル語・初級レベルの教育の場で使用してちょうど10年になります。この間、ざっとのべ250名余りの学生がこの本を利用してきたことになります。去る2009年の夏には、東京外国語大学アジア・アフリカ言語文化研究所主催のモンゴル語言語研修用テキストとして、その本を基にして『モンゴル語文法問題集―初級・中級編―』を刊行し、一般の方々にも好評を得ました。
　本書は、こういった教育現場からの要請、すなわち「ぜひ初級モンゴル語の本格的な練習問題集を書いていただきたい」との数多くの人々の熱い声援を受けて完成したものです。私は、モンゴル研究に携わってちょうど25年、教育現場に立ってちょうど15年、これを節目に今回、『初級モンゴル語練習問題集』をこの世に送り出すことができたのは、この上ない喜びです。
　本書の特徴は次の3点です。

1. まず本書の A. 基礎編は、本書を利用される方すべてが途中で挫折することなく、最初の1課から最後の20課までのすべての問題をやり遂げることを目標とした「モンゴル語基礎育成コース」です。A. 基礎編の問題は、A.1の［適語補充］とA.2の［クロスワードパズル］の大きく2題から成っています。さらにA.1は1.1と1.2の2題から成り、またA.2のクロスワードパズルは、モンゴル語の基礎語彙をテーマごとに、しかもゲーム感覚で楽しく学べるようにひと工夫してあります。
2. 次に本書の B. 応用編は、A. 基礎編をマスターした方がさらに上級レベルにステップアップされることを希望した場合にチャレンジする「モンゴル語実力養成コース」です。B. 応用編の

問題は、主に B.1 の［適語補充］（一部、［書き換え］や［読解］も含む）と B.2 の［和文モ訳］（一部、［モ文和訳］や［適語補充］も含む）の大きく2題から成っています。学習者は、まず各課の A. 基礎編を学習し終えて、すぐにその後の B. 応用編に臨むことも可能ですし、または、まずは A. 基礎編だけを全課最後まで学習し終えた後で、次にその上の B. 応用編に集中的に取り組むことも可能でしょう。

3. 本書の練習問題を解く際には、巻末に語彙編として［モンゴル語—日本語語彙索引］と［日本語—モンゴル語語彙索引］の2つを掲げてありますので、モンゴル語文の問題（［適語補充］や［モ文和訳］等）に対しては、前者［モンゴル語—日本語語彙索引］を、また日本語文の問題（［クロスワードパズル］や［和文モ訳］等）に対しては、後者［日本語—モンゴル語語彙索引］をぜひ御利用下さい。また、巻末には付録として重要文法事項をチャート式にまとめてありますので、初級モンゴル語の文法事項の再確認にどうぞ御参照下さい。

なお、本書『初級モンゴル語練習問題集』の執筆・完成にあたっては、共著者である Ya. バダムハンドに負うところが非常に大きいことは特筆すべきです。本人は、モンゴル語の母語話者であり、今回モンゴル語による設問、テキスト作成、インフォーマント・チェック等に十分力を発揮してくれました。今回、共著者の協力なしでは本書は到底完成し得なかったと言っても過言ではありません。ちなみに、両者の執筆分担は次の通りです。

〈Ya. バダムハンドの担当分〉

A. 基礎編の1（1.1と1.2の2題）のすべて、B. 応用編の1（1.1と1.2の2題）のすべて、及び本書全編にわたるコンピューター入力。

〈塩谷茂樹の担当分〉

A. 基礎編の2（［クロスワードパズル］）のすべて、B. 応用編の2（2.1と2.2の2題）のすべて、及び巻末の語彙編、付録の部分。

ただし、詳細に関しては、その都度両者で何度も話し合って決定したことは言うまでもありません。

最後に今回も本書の出版を快くお引き受け下さり、しかも終始暖かく見守り励まして下さった大学書林社長、佐藤政人氏に対し、ここに記して心から感謝の意を表したいと思います。
モンゴルの諺いわく、

Эв гэдэг хязгааргүй　　和というものは境なし
Эрдэм гэдэг ёроолгүй　　学というものは底なし

まさに学問の道は奥深いものです。

2011年2月10日

大阪大学　世界言語研究センター
　　　　　　　　　　塩谷茂樹（SHIOTANI Shigeki）
大阪大学　外国語学部
　　　　　　　　　　Ya. バダムハンド（Ya. BADAMKHAND）

モンゴル語最古の文献
『チンギス汗碑文』（1225年頃）

目次 (гарчиг)

練習問題集 (ДАСГАЛЫН ХУРААМЖ)

第1課
　疑問助詞 (асуух сул үг)、
　疑問代名詞 (асуух төлөөний нэр) ……………… 2
第2課
　人称代名詞 (биеийн төлөөний нэр)、
　親族名称 (ураг төрлийн нэр) ……………… 8
第3課
　名詞の格語尾 (нэрийн тийн ялгал)、
　若干の動詞表現 (үйл үгийн зарим төгсгөл) ……………… 15
第4課
　動詞の主要語尾 (үйл үгийн гол нөхцөл)、
　数詞 (тооны нэр) ……………… 23
第5課
　名詞の複数接尾辞 (нэрийн олон тооны дагавар)、
　若干の動詞表現及びその他の文法事項 ……………… 30
第6課
　動詞の連用語尾 (нөхцөл үйлийн нөхцөл)、
　時 (цаг хугацаа) を示す語 ……………… 38
第7課
　動詞の連体語尾 (үйлт нэрийн нөхцөл)、
　外来語 (зээлдсэн үг) ……………… 48
第8課
　数詞（-н のない形）＋概数後置詞＋名詞、
　モンゴル語の方位・方角 (зүг чиг) ……………… 56
第9課
　動詞の態 (үйл үгийн хэв)、
　モンゴル語の授受表現と迷惑・被害表現 ……………… 64

v

第 10 課
   高位数詞（их тооны нэр）、分数（бутархай тоо）、
   小数（аравтын бутархай）、
   五畜（таван хошуу мал） ……………… 72

第 11 課
   再帰所有語尾（ерөнхийлөн хамаатуулах нөхцөл）、
   身体器官名称（биеийн эрхтний нэр） ……………… 80

第 12 課
   モンゴル語の文の構造（өгүүлбэрийн бүтэц）、
   複文（хавсарсан нийлмэл өгүүлбэр） ……………… 88

第 13 課
   動詞のアスペクト（үйл үгийн байдал） ……………… 96

第 14 課
   モンゴル語の補助動詞（туслах үйл үг）、
   モンゴル語の連語（хоршоо үг） ……………… 103

第 15 課
   モンゴル語の主な文末助詞（өгүүлбэр төгсгөх сул үг）、
   所属名詞 -х, -хан[4]、
   程度を弱める接尾辞 -втар[4], -дуу[2] ……………… 111

第 16 課
   序数詞（дэс тоо）、集合数詞（хам тоо）、概数詞（тойм тоо）、
   モンゴル語の色彩語彙（өнгө） ……………… 119

第 17 課
   反問・自問の意を表示する疑問助詞（асуух сул үг）、
   意味の強勢（утгын өргөлт）による長母音化 ……………… 128

第 18 課
   名詞類（名詞・形容詞）から名詞類を派生する接尾辞
   （нэрээс нэр үг бүтээх дагавар）、
   動詞類から名詞類（名詞・形容詞）を派生する接尾辞
   （үйлээс нэр үг бүтээх дагавар） ……………… 134

第 19 課
   名詞類（名詞・形容詞）から動詞類を派生する接尾辞

（нэрээс үйл үг бүтээх дагавар）、
不変化詞類から動詞類を派生する接尾辞
（сул үгээс үйл үг бүтээх дагавар） ················· 142
第20課
人の性質（мөс чанар）を示す表現、
モンゴル語の慣用句（өвөрмөц хэлц） ················· 151

語彙編（ҮГСИЙН ЖАГСААЛТ）

［モンゴル語―日本語語彙索引］
МОНГОЛ-ЯПОН ХЭЛНИЙ ҮГСИЙН ЖАГСААЛТ ···· 162
［日本語―モンゴル語語彙索引］
ЯПОН-МОНГОЛ ХЭЛНИЙ ҮГСИЙН ЖАГСААЛТ ···· 193

練習問題の解答（ХАРИУЛТ） ················· 206

付録（ХАВСРАЛТ）

1. 名詞の格語尾 ················· 278
2. 人称代名詞の格変化 ················· 279
3. 人称所有語尾 ················· 280
4. 動詞の態 ················· 280
5. 動詞の連体語尾 ················· 281
6. 動詞の連用語尾 ················· 281
7. 動詞の終止語尾 ················· 282
8. 動詞の命令願望語尾 ················· 282
9. 補助動詞 ················· 283

モンゴル文字

パスパ文字

トド文字

ソヨンボ文字

キリル文字

練習問題集

(ДАСГАЛЫН ХУРААМЖ)

第 1 課　疑問助詞 (асуух сул үг)、
　　　　疑問代名詞 (асуух төлөөний нэр)

A. 基礎編

1．［適語補充］
1.1 次の下線部に適する疑問助詞を入れなさい。（各2回）

1. Тэр хүн хэн _____?

2. Энэ тогоруу _____?

3. Тэр юм юу _____?

4. Энэ сам _____?

5. Тэр үзэм _____?

6. Тэр тэмээ _____?

7. Энэ цүнх _____?

8. Тэр ааруул _____?

9. Энэ малгай _____?

10. Тэр үнээ _____?

11. Хэний ээж _____?

12. Юу уншсан _____?

| уу, үү, юу, юү, вэ, бэ |

1.2 次の下線部に適する疑問代名詞を入れなさい。(各2回)

1. Монгол улс _____ байдаг вэ?

2. Та _____ нутгаас ирсэн бэ?

3. Чи _____ амьтанд дуртай вэ?

4. Энд _____ удаа цэцэг тарих вэ?

5. Энэ хоёрын _____ нь дээр вэ?

6. Чи _____ гэж хариулсан бэ?

7. Тэр өндөр хүн _____ бэ?

8. Хичээл _____ эхлэх вэ?

9. Гутлын тасаг _____ байдаг вэ?

10. Энэ жил цагаан сар _____ болох вэ?

11. Тэр хүн хэний _____ бэ?

12. Та надад _____ хэлэх гэсэн юм бэ?

13. Нөгөөдөр _____ бэ?

14. Өнөөдөр тэнгэр _____ байна вэ?

> хэзээ, хаана, хэн, юу, аль, ямар, хэдэн

2. ［クロスワードパズル］
　次の単語をモンゴル語で横書きにし、その結果縦のラインに完成する語をモンゴル語で答え、日本語で訳しなさい。

1. 口
2. 頭
3. 目
4. 手
5. のど
6. 足

答 _____ (　　　　　　　　)

B. 応用編

1.［適語補充］
　次のテキストを読んで、その内容に対する問いを完成させるよう、下線部に適する疑問代名詞と疑問助詞を入れなさい。

　Би багадаа Увс аймгаас Улаанбаатарт ирсэн. Одоо арван найман настай. Их сургуульд сурдаг. Би түүхийн ном унших дуртай. Ах маань ноднин их сургууль төгссөн. Эгч маань саяхан хурим хийсэн. Аав ээж маань ааруул хийх дуртай.

Би багадаа _____ аймгаас Улаанбаатарт ирсэн _____?
Одоо _____ настай _____?
_____ сурдаг _____?
Би _____ ном унших дуртай _____?
_____ маань ноднин их сургууль төгссөн _____?
Эгч маань _____ хурим хийсэн _____?
Аав ээж маань _____ хийх дуртай _____?

2.［和文モ訳］
2.1 次の日本語を特に疑問助詞に注意しながらモンゴル語に訳しなさい。

1. 彼は先生ですか、学生ですか。

2. それは君の鉛筆ですか。

3. あなたは明日行きますか、あさって行きますか。
    行きます → 未来を表す動詞語尾 -x を用いる。

4. これは何の肉ですか。
    何の　юуны（＜ юу　何）

5. あれは野菜ですか、果物ですか。

6. この辞書は誰のですか。
    誰の（もの）　хэнийх（＜ хэний　誰の ＜ хэн　誰）

7. 彼らは町に住んでいますか、田舎に住んでいますか。
    住んでいる →「住む、暮らす」(амьдар-) に現在の習慣を表す動詞語尾 -даг[4] を用いる。

8. 私はあなたに昨日このことを言いましたか、言いませんでしたか。

9. あなたは日本語が上手に話せますか。
    話せる → 現在の習慣を表す動詞語尾 -даг[4] を用いる。

10. あなたたちはどちらへ行こうとしているのですか。
    どちらへ　хаашаа　　　～しようとしている　-x гэж байна

2.2 次の日本語を特に疑問代名詞に注意しながらモンゴル語に訳しなさい。

1. 君の誕生日はいつですか。

2. 私たちは今晩何を食べますか。
　　食べます → 未来を表す動詞語尾 -x を用いる。

3. あなたの名前は何とおっしゃいますか。
　　何 → 人名を訪ねているので、хэн を用いる。
　　おっしゃる →「言う」(гэ-) に現在の習慣を表す動詞語尾 -даг[4] を用いる。

4. これはどこ行きのバスですか。
　　どこ(行き)の　хаанахын（＜ хаана　どこ）

5. あなたは何歳ですか。
　　何歳 → 数を訪ねているので、хэд (эн) を用いる。

6. 彼はどの銀行に勤めていますか。
　　勤めている → 現在の習慣を表す動詞語尾 -даг[4] を用いる。

7. あなたは何色が好きですか。
　　何色 →「どんな色」と解して ямар を用いる。
　　～が好きな　-д дуртай

第2課　人称代名詞 (биеийн төлөөний нэр)、
親族名称 (ураг төрлийн нэр)

A. 基礎編

1. ［適語補充］
1.1 次の下線部に人称代名詞の属格または人称所有語尾を入れなさい。(各2回)

1. Тэр бол _____（私の）харандаа.

2. Ах _____（君の）багш уу?

3. Ээж _____（私の）их сайхан сэтгэлтэй.

4. Аав _____（彼の）ирсэн бололтой.

5. Эгч _____（君の）ажилд орсон уу?

6. Энэ _____（君の）компьютер үү?

7. Өвөө _____（私の）тэтгэвэрт гарсан.

8. _____（私の）эмээ үргэлж юм нэхэж суудаг.

9. Хүү _____（彼の）гадаадаас ирсэн гэнэ.

10. _____（彼の）дүү нэртэй зохиолч шүү.

11. Балдан _____（君の）хамаатан юм уу?

12. Тэр эмэгтэй бол _____（彼の）ачит багш.

> минь, чинь, нь, миний, чиний, түүний

1.2 次の下線部に適する親族名称を入れなさい。

1. Тэр хүн таны _____（母）үү?

2. Түүний _____（弟／妹）хөдөө амьдардаг юм.

3. Маргааш _____（兄）_____（姉）хоёр минь буцаж ирнэ.

4. Найзын чинь _____ ыг（娘）Жаргал гэдэг үү?

5. Ням гуай таны _____（父）юм уу?

6. Тэр гүйж байгаа хүүхэд танай _____（息子）билүү?

7. _____（弟）чинь хаана ажилладаг вэ?

8. Төмөрийн _____（奥さん）их зочломтгой хүн юмаа.

9. Үүнийг _____（夫）маань авч өгсөн юм.

10. Дүүгийн минь _____（妻）орчуулагч хийдэг.

11. _____（妹）маань англиар сайн ярьдаг.

хүү, охин, эгч, ах, дүү, эмэгтэй дүү, эрэгтэй дүү, эхнэр, нөхөр, авгай, аав, ээж

2. ［クロスワードパズル］

次の単語をモンゴル語で横書きにし、その結果縦のラインに完成する語をモンゴル語で答え、日本語で訳しなさい。

1. 母
2. 息子
3. 娘
4. 姉
5. 夫

答 _____ （　　　　　　　　）

B. 応用編

1.［適語補充］
1.1 次のテキストの下線部に、最も適する人称代名詞の属格または人称所有語尾をかっこの中から選んで入れなさい。

1. "Миний өнөөдрийн даалгавар их хэцүү байна. Бушуухан харья. Найз аа, _____ даалгавар ямар вэ?"

2. Болд надаас "Өвөө _____ хэдэн настай вэ?" гэж асуулаа. Би "_____ өвөө ная гарсан, орой болтол зурагтаар мэдээ үздэг" гэлээ. Өвөө минь надад маш их хайртай.

3. Баатар Цэцгээ хоёр тэтгэвэрт гарсан улс. _____ хүүхдүүд бүгдээрээ ажил хийдэг. Ач нар _____ ч том болцгоосон.

4. Манай гэр сургуульд их ойрхон, харин найзын _____ гэр сургуулиас хол байдаг. Уншигчид аа! _____ гэр сургуульд ойрхон байдаг уу?

танай, манай, тэдний, чиний, минь, чинь, нь

1.2 次の家系図を見ながら、下のテキストの下線部に最も適する親族名称をかっこの中から選んで入れなさい。

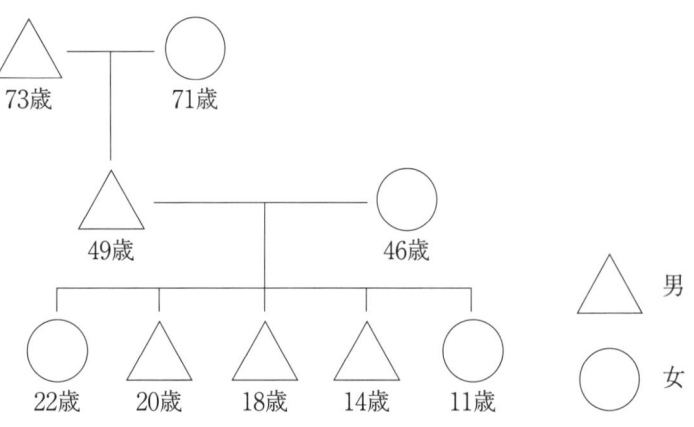

Манайхан

Манайх ам бүл олуулаа. Би арван найман настай. Манай _____ дөчин есөн настай. Харин _____ бол дөчин зургаан настай. _____ маань их сургуульд сурдаг. _____ ч бас оюутан. Одоо хорин настай. Хоёр _____ маань дунд сургуульд сурдаг. Бидний хамгийн бага нь _____. _____ бид хоёр өдөр бүр бөх барилддаг. _____ маань өндөр настай боловч өглөө бүр эрт босч, цай чанадаг. _____ бол өдөр бүр шатар тоглодог. Энэ жил далан гурван настай.

эмээ, өвөө, ээж, аав, эгч, ах, дүү, эмэгтэй дүү, эрэгтэй дүү

---

2. ［和文モ訳］
2.1 次の日本語を特に属格または人称所有語尾に注意しながらモンゴル語に訳しなさい。

1. 私の (минь) 母は高齢です。

2. 彼女の (түүний) 作る料理はとてもおいしいです。
　　作る → 現在の習慣を表す動詞語尾 -даг⁴ を用いる。

3. うちの (манай) 子供は本を読むのが好きです。
　　〜するのが好きな　-х дуртай

4. 君の (чинь) 顔色はとても悪いです。

5. 私は彼の (нь) 本をおととい返しました。

6. 君は私の (миний) 本をどこに置きましたか。

7. うちの (маань) 両親は田舎で家畜を放牧しています。
　　放牧しています → 「放牧する」(малла-) に現在の習慣を表す動詞語尾 -даг⁴ を用いる。

8. 君の (чиний) ペンをさっき人が持っていったよ。
　　持っていく　аваад явах　　〜よ　〜шүү

2.2 次の日本語を特に親族名称に注意しながらモンゴル語に訳しなさい。

1. うちの (маань) おばあちゃんは去年の春アメリカへ行きました。

2. おたくの (танай) 息子さんと娘さんは双子ですか。

3. 彼の (түүний) 妹が女優って本当ですか。
　　〜って本当ですか　〜гэж үнэн үү?

4. 彼女の (нь) 兄と姉は二人とも大学の先生です。
　　二人とも　хоёулаа

5. 君の (чинь) 両親はいつ田舎から来ましたか。

6. バータルの奥さんは民族料理を作るのが上手です。
　　〜するのが上手な　-хдаа⁴ сайн

7. 彼らの (тэдний) おじいちゃんは毎朝6時に体操をします。
　　毎朝　өглөө бүр

8. うちの (манай) 孫たちは夏、川で泳ぐのが好きです。
　　孫たち　ач зээ нар

— 14 —

第3課　名詞の格語尾（нэрийн тийн ялгал）、若干の動詞表現（үйл үгийн зарим төгсгөл）

A. 基礎編

1. ［適語補充］
1.1 次の下線部に適する格語尾を伴う語を入れなさい。

1. _____ ямар хоол хийж болох вэ?

2. Үүнийг _____ хамт чанавал амттай шүү.

3. Тэр үйлдвэрийн _____ чанар улам сайн болсон.

4. Олон _____ үүнийг сонгож авлаа.

5. Энэ _____ авмааргүй байна.

6. Та нарын гол хоол _____ уу, будаа юу?

7. Би ийм амттай _____ дуртай биш.

8. _____ маань аялалд яваад ирэв.

9. Энэ бол _____ зохиосон дууны үг.

10. Энэ цамц _____ яг таарна.

11. Өчигдөр _____ захиа авсан.

12. Манай _____ монгол хэл заалгасан хүүхэд олон.

13. Сүх гуай манай _____ хамт ажилладаг.

14. Гал зуухны өрөөнөөс ээж _____ дуудав.

аавыг, ааваас, аавтай, аавaap, аавын, аав, аавд,
гурилыг, гурилаас, гурилтай, гурилаар, гурилын,
гурил, гурилд

1.2 次の下線部に適する動詞表現を入れなさい。

1. Найз маань нутаг руугаа яваад _____ гэлээ.

2. Та надад түүнийг аваад _____.

3. Өнөөдөр биднийг аргал _____ гэсэн шүү.

4. Халуун цай _____ гээд бидэнд аягалж өгөв.

5. Монгол улс хаана оршдогийг _____.

6. Дараагийн хуралд заавал _____.

7. Энд зураг авч _____.

8. Чи одоо шүршүүрт _____?

9. Бид одоо _____ даа.

10. Хоцорч ирсэн хүмүүс тэр цаасан дээр нэрээ
_____.

> түүгээрэй, явья,ууна уу, суугаарай, бичнэ үү, ирье,
> өгөхгүй юу, мэдэлгүй яах вэ, бололгүй яах вэ,
> орохгүй юм уу

2. ［クロスワードパズル］
次の単語をモンゴル語で横書きにし、その結果縦のラインに完成する語をモンゴル語で答え、日本語で訳しなさい。

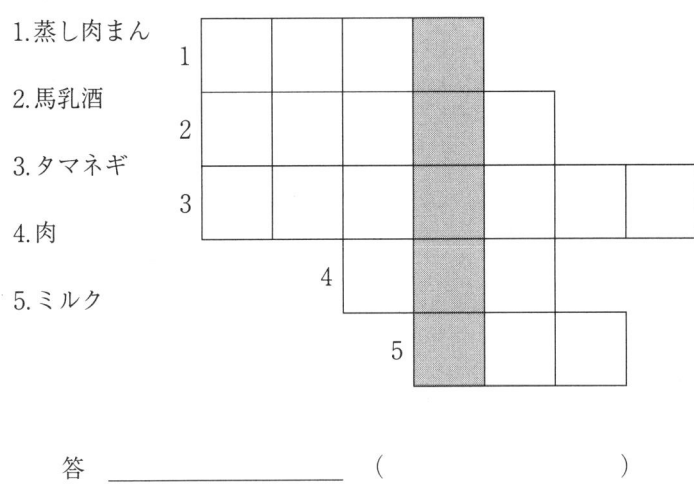

1. 蒸し肉まん
2. 馬乳酒
3. タマネギ
4. 肉
5. ミルク

答 _____ (　　　　　　　　　)

B. 応用編

1.［適語補充］
1.1 次のテキストの下線部に、最も適する名詞の格語尾を伴う語をかっこの中から選んで入れなさい。

Муур

Манай мууpыг "Муужгай" гэдэг. _____ их хөөрхөн. Бид бүгдээрээ _____ хайртай. Хэн ч _____ загнадаггүй. Би _____ өөр амьтан тэжээж үзээгүй. Би _____ тоглох дуртай. Манайх сард нэг удаа _____ хоолыг дэлгүүрээс авдаг. Хэрвээ манайд хулгана гарч ирвэл _____ бариулна гэж боддог.

> Муужгайг, Муужгайгаар, Муужгайгаас, Муужгай, Муужгайн, Муужгайд, Муужгайтай

1.2 以下はАとБの二人の会話です。下線部に最も適する動詞表現を入れなさい。

А：Миний ширээг яг энд _____?

Б：Үгүй, чи сая тэр буланд _____ гэсэн биз дээ?

А：Тийм ээ. Гэвч одоо энд _____ гэж бодож байна.

Б：Нээрээ, чи тэр буланд ширээгээ _____?

А：Үгүй ээ. Тэнд юм тавьж болохгүй гэсэн.

Б：_____. Хэн тэгж хэлсэн юм бэ?

> тавилгүй яах вэ, тавихгүй юү,
> тавиарай, тавина уу, тавья

2. ［和文モ訳］
2.1 次の日本語を特に名詞の格語尾に注意しながらモンゴル語に訳しなさい。

1. ドルゴルは明日田舎から来ます。

2. これを鉛筆で書いて下さい。

3. 彼にはモンゴル語の辞書がありますか。

4. この２つの文をつないで、１つの文にせよ。

5. この本、ペン、ノートをそのかばんに入れなさい。

6. あのおばあさんは、このあたりで一番高齢です。
　　あたりで　хавьд

7. 君はこの夏休み誰とどこへ行きましたか。

8. うちの兄は父より少し背が高いです。

9. あの人は兄弟が何人ですか。
　　（全部で）何人　хэдүүлээ

10. 私たちはボルド先生におめでとうと言いました。
　　おめでとうと言う　баяр хүргэх

11. 私は先週の日曜日ツェツゲーと一緒に映画を見ました。

12. あなたはこの地図を壁に掛けて下さい。

13. この詩を誰に読んでもらおうか。
　　読んでもらう　уншуулах

14. バータルのいすの下に消しゴムが落ちています。
　　落ちている　унасан байна

2.2 次の日本語を特に動詞表現に注意しながらモンゴル語に訳しなさい。

1. あなたはその塩を取ってくれませんか。
　　（→ -хгүй юү? を用いて）

2. 午後外でサッカーをしましょう。
　　（→ -я / -e / -ё を用いて）
　　サッカーをする　хөл бөмбөг тоглох

3. どうぞこちらへお入りください。
　　（→ -на⁴ уу²? を用いて）

4. 道中お元気で行ってらっしゃい。
　　（→ -аарай⁴ を用いて）
　　道中　аян замдаа

5. これについてもちろん君に教えてあげることができます。
　　（→ -лгүй яах вэ を用いて）
　　〜することができる　-ж / -ч болох

6. どうぞこの椅子にお座りください。
　　（→ -на⁴ уу²? を用いて）

7. 今晩二人でレストランで食事をしましょう。
　　（→ -я / -e / -ё を用いて）
　　二人で　хоёулаа

8. 君は今日授業に出席しないのですか。
　　（→ -хгүй юм уу? を用いて）

9. この仕事を明日の晩までに終えてください。
　　（→ -аарай⁴ を用いて）
　　〜までに　〜 гэхэд

10. こんな簡単な宿題はもちろん一人でできます。
　　（→ -лгүй яах вэ を用いて）
　　一人で　ганцаараа

第4課 動詞の主要語尾 (үйл үгийн гол нөхцөл)、数詞 (тооны нэр)

A. 基礎編

1. ［適語補充］
1.1 次の下線部に最も適する動詞の形を入れなさい。

1. Ширээн дээр чинь байгаа аяга _____ шүү, аваарай!

2. Чи хол явахдаа гэрээ их _____ уу?

3. Би яг одоо нөгөө анкетыг бөглөн _____.

4. Бид өчигдрийн гадаад хэлний хичээлээс олон шинэ үг _____.

5. Самдан заавал _____ гэж байсан номоо өчигдөрхөн бичиж дуусгасан гэнэ.

6. Зурагчин: Анхаар, одоо _____ шүү! Боллоо.

7. Тэднийх саяхан өвөлжөөндөө _____.

8. Та нарын дотор монголоор _____ хүн байна уу?

9. Тароо найзтайгаа _____ гээд өглөө эрт гарсан.

10. Чи хичээлээ хийж байна уу, радио _____ уу?

| бичнэ, уулзана, авлаа, уналаа, сонсч байна, |
| бичиж байна, ярьдаг, санадаг, нүүсэн, цээжилсэн |

1.2 次の数詞をモンゴル語で書きなさい。

1. Их сургуульд нэг хичээл _____ (90) минут ордог.

2. _____ (1945) онд дэлхийн хоёрдугаар дайн дуусчээ.

3. Энэ хүүхдийн биеийн жин нь _____ (12) килограмм шүү.

4. Монгол улсын хүн ам _____ (3,000,000) хүрэхгүй юм гэж үү?

5. Чиний өндөр _____ (173) сантиметр юм байна.

6. Чингис хаан _____ (1206) онд Их Монгол Улсыг байгуулжээ.

7. _____ (1840) онд дэлхийд анхны марк гарчээ.

8. Өглөөгүүр хасах _____ (34) хэм байх шиг байна.

2. ［クロスワードパズル］
　次の単語をモンゴル語で横書きにし、その結果縦のラインに完成する語をモンゴル語で答え、日本語で訳しなさい。

1. 太陽

2. 雪

3. ヨーグルト

4. モンゴル民族衣装

5. 草原

6. 馬（去勢馬）

　　　答 _____　（　　　　　　　　）

B. 応用編

1. ［適語補充］
1.1 次のテキストの下線部に、最も適する動詞の形をかっこの中から選んで入れなさい。

　Манайхан өглөө бүр эрт ＿＿＿＿＿＿＿. Харин би өнөөдөр орой ＿＿＿＿＿＿＿. Ээж маргааш бүр эрт босч цайгаа ＿＿＿＿＿＿＿ гэсэн. Учир нь бид маргааш аялалд ＿＿＿＿＿＿＿. Бид авч явах юмаа бүгдийг ＿＿＿＿＿＿＿. Хол газар явах болгонд ах машин ＿＿＿＿＿＿＿. Эгч бид хоёроос бусад нь бүгдээрээ одоо ＿＿＿＿＿＿＿. Харин эгч "Би усанд ＿＿＿＿＿＿＿ шүү" гэсэн мөртлөө утсаар яриад л байна. Одоо яг оройн арван нэгэн цаг ＿＿＿＿＿＿＿. Би ч гэсэн ингэсгээд ＿＿＿＿＿＿＿.

> явна, чанана, унтлаа, орлоо, болж байна,
> унтаж байна, барьдаг, босдог, бэлтгэсэн, боссон

1.2 以下の文章を読んで、下線部に最も適する数字をかっこの中から選んでモンゴル語で書きなさい。

　Чингис хааны хүү Өгөдэй ＿＿＿＿＿＿＿＿＿＿ онд хаан ширээнд суужээ. ＿＿＿＿＿＿＿＿＿＿ онд Монголд ардын хувьсгал ялжээ. Монгол улсын нийслэл Улаанбаатар нь далайн төвшнөөс дээш ＿＿＿＿＿＿＿＿＿＿ метрийн өндөрт оршдог.
Улаанбаатар хот ＿＿＿＿＿＿＿＿＿＿ хүн амтай.
Монголчуудын дундаж наслалт ＿＿＿＿＿＿＿＿＿＿.
Монгол улсын иргэн бүр ＿＿＿＿＿＿＿＿＿＿ нас хүрч

— 26 —

байж сонгуульд санал өгөх эрхтэй болдог.
Монгол-Япон хоёр улсын хооронд _____
онд дипломат харилцаа тогтоосон байна.

> 18, 65, 1229, 1350, 1921, 1972, 1100000

2. ［和文モ訳］
2.1 次の日本語を特に動詞語尾の形に注意しながらモンゴル語に訳しなさい。
(-на⁴, -лаа⁴, -ж / -ч байна, -даг⁴, -сан⁴の形を各2回用いて)

1. 君はもう行くの？

2. これをモンゴル語で何と言いますか。

3. あなたはなぜこんな高価なものを買ったのですか。

4. 私は間もなく30歳になります。

5. うちの赤ん坊はベッドの上でぐっすり眠っています。

6. 昨年秋、モンゴルでモンゴル語の新しい辞書が出たそうです。
　　～そうです　～гэнэ

7. 私たちは今、外国でしあわせに暮らしています。

8. あなたたちはもう寝るの？

9. 再来年、消費税が値上がりするそうです。
　　消費税　худалдааны татвар

10. 毎年、外国から数万人の旅行者たちがモンゴルを訪れます。

2.2 次の日本語を特に数詞に注意しながらモンゴル語に訳しなさい。ただし、数詞はすべてモンゴル語に訳すこと。

1. これに関して、先生と君と私の三人だけ知っています。

2. 外は非常に寒く、マイナス24度です。

3. 私たちは明日9時から15時まで授業があります。

4. うちの電話番号は45 18 29です。
　　ヒント：電話番号は、通常上の位から2けたごとに区切って言う。

5. あなたたちは1986年生まれなのですか。

6. あの人は1ヶ月に32万円の給料をもらっているそうです。
　　円　иен

ソーラーパネルを備えた現代のゲル

第5課 名詞の複数接尾辞 (нэрийн олон тооны дагавар)、若干の動詞表現及びその他の文法事項

A. 基礎編

1. ［適語補充］

1.1 次の名詞に -ууд² (〜 -нууд²), нар, -д, -чууд², -с の中から、適する複数接尾辞をつけて複数形にしなさい。

1. эмч → _____
2. амьтан → _____
3. баян → _____
4. шавь → _____
5. зорчигч → _____
6. бичиг → _____
7. өрөө → _____
8. настай → _____
9. авиа → _____
10. жүжигчин → _____
11. нялх → _____
12. судлаач → _____
13. жил → _____
14. нэр → _____

1.2 次の語順を入れ替えて、正しいモンゴル文を作りなさい。

1. (гарсан, байна, номыг, уу, саяхан, авмаар, чи, шинээр) ?

2. (вэ, өдөр, яасан, өнөөдөр, халуун).

_____

3. (багш, л, маань, хийдэг, охин, манайхаас).

_____

4. (тавих, би, хуралд, юм, Америк, илтгэл, гэсэн, явж, олон улсын, эрдэм шинжилгээний).

_____

5. (сарын, бүр, тэмдэглэдэг, баярыг, жил, нэгэнд, эх үрсийн, зургадугаар).

_____

6. (байна, уух, дэлгүүрээс, юм, авмаар, хүнсний, би, идэж).

_____

7. (бэ, урт, жүжигчин, яасан, эмэгтэй, тэр, юм, үстэй).

_____

8. (гуай, бүр, л, хариулдаг, Дорж, бололтой, өдөр, хонио).

_____

9. (гэсэн, бид, компьютерээр, энэ, юм, бол, үзэх, танай, DVD-ийг, боломжтой) .

_____

_____

10. (чинь, байрны, давхарт, дээ, манайх, байдаг, арван наймдугаар, шүү, хоёрдугаар) !

_____

_____

水桶に群がる子羊

2．［クロスワードパズル］
　次の単語をモンゴル語で横書きにし、その結果縦のラインに完成する語をモンゴル語で答え、日本語で訳しなさい。

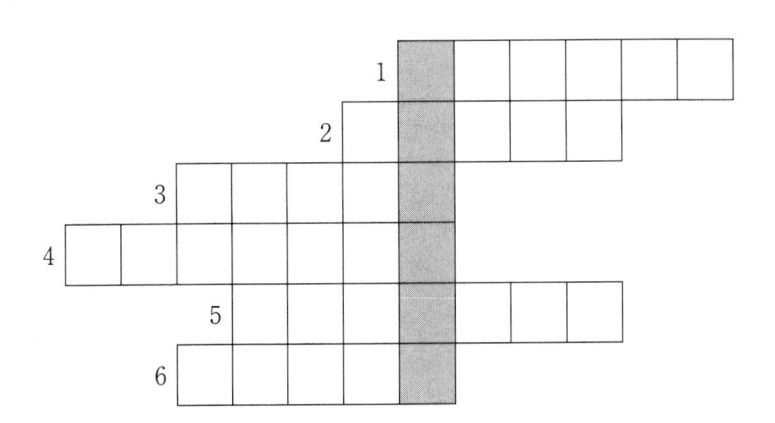

1.税金

2.お金

3.売り場

4.店

5.資本

6.プレゼント

　　　答 _____ （　　　　　　　　）

B. 応用編

1. ［適語補充］
1.1 次の詩は、モンゴル現代文学の礎を築いたД. Нацагдорж の Миний нутаг（「わが故郷」）の有名な一節です。下線部にあてはまる単語をかっこの中から一つ選んで、それに複数接尾辞をつけて正しい形にしなさい。

Миний нутаг

Хэнтий, Хангай, Саяаны өндөр сайхан _____
Хойд зүгийн чимэг болсон ой хөвчин _____
Мэнэн, Шарга, Номины өргөн их говиуд
Өмнө зүгийн манлай болсон элсэн манхан _____
    Энэ бол миний төрсөн нутаг
    Монголын сайхан орон
Хэрлэн, Онон, Туулын тунгалаг ариун _____
Хотол олны эм болсон горхи булаг рашаанууд
Хөвсгөл, Увс, Буйрын гүн цэнхэр _____
Хүн малын ундаа болсон тойром бүрд _____
    Энэ бол миний төрсөн нутаг
    Монголын сайхан орон

> мөрөн, нуруу, нуур, уул, ус, далай

1.2 次の会話を読んで、下線部に最も適する表現をかっこの中から一つ選んで書きなさい。

Ах: Чи компьютер асааж _____ бэ?
Дүү: Би жаахан _____.

Ах: Юу? Чи саяхан даалгавраа _____ гээд энэ өрөөнд орсон биз дээ?

Дүү: Тийм. Гэвч би одоо ганц удаа _____ тоглоё. Ахаа, тэгэх үү?

Ах: Одоо биш, дараа тогло. Чи чинь _____ хичээлдээ дургүй хүүхэд _____.

Дүү: Үгүй, дуртай _____ даа. Гэхдээ шинээр гарсан энэ тоглоомыг тоглож _____.

Ах: Удахгүй амарна биз дээ? Тэгэхээр тоглохгүй юү._____ сард амрах билээ?

Дүү: _____ сард.

хиймээр байна, тогломоор байна,
арван хоёрдугаар, хэддүгээр,
үзэх гэсэн юм, яах гэсэн юм,
вэ,   л,   л,   яасан

---

2. [和文モ訳]
2.1 次の日本語を特に下線を引いた名詞の複数形に注意しながらモンゴル語に訳しなさい。

1. 世界の一部の<u>国々</u>では、<u>子供たち</u>は小さい頃から仕事をしています。
   小さい頃から   багаасаа

2. うちの会社の<u>社長たち</u>は、<u>労働者たち</u>の給料を少しも上げないと言いました。
   少しも〜ない   жаахан ч 〜гүй

3. 今回の国際会議に国内外の多くの<u>学者たち</u>、<u>研究者たち</u>、<u>教師たち</u>、<u>学生たち</u>が参加しています。
　　国内外の　гадаад дотоодын

4. この国の大部分の<u>若者たち</u>は、<u>金持ちたち</u>のように暮らすことをとても望んでいるそうです。

5. 新しい<u>名簿</u>を会員たちに配りなさい。
　　配る　тарааж өгөх

2.2 次の日本語をモンゴル語に訳しなさい。

1. 私はあなたにお金をお借りしたいのですが。

2. 君はどんな外国語を勉強したいのですか。英語ですか、日本語ですか。

3. 彼は宝くじが当たったそうです。何てラッキーな人だろう。
　　宝くじが当たる　сугалаа таарах

4. 私は昨日テレビだけ見ました。他に特別なことは何もしていません。

5. この歴史の本の138ページにモンゴルについて書いてあります。
　　〜ページ　-дугаар² хуудас

モンゴル現代文学の創始者D.ナツァグドルジ

第6課 動詞の連用語尾（нөхцөл үйлийн нөхцөл）、時（цаг хугацаа）を示す語

A. 基礎編

1.［適語補充］
1.1 次の下線部に、最も適する動詞の連用語尾をかっこの中から選んで、適する形にして文を完成させなさい。（ただし、各連用語尾を２回ずつ用いること）

1. Үүр цай_____ өглөө болов.

2. Бидниийг оч_____ хүлээж бай.

3. Гадаа хүйтэн боло_____ дотор бол дулаахан.

4. Гар утсаараа мэйл бичи_____ дугуй уна_____ осолд орох аюултай.

5. Би энэ номыг хай_____ байгаад арай гэж оллоо.

6. Би түр гар_____ ирье.

7. Тэр цочсондоо босо_____ харайв.

8. Хүүхдүүд минь, хонио ирэ_____ усална шүү.

9. Цасан ширхэг газарт уна_____ хайлж байв.

10. Чи нөгөө номыг надаас ав_____ аваарай.

— 38 —

11. Цэцгэн дээгүүр хос эрвээхэй нис_____ байна.

12. Тэд Фүжи ууланд авир_____ бараг оройд нь хүрэх дөхжээ.

13. Энэ дууг хичнээн олон удаа сонсо_____ үгийг нь цээжилж чадаагүй л байна.

14. Сэр_____ харвал цаг орой болчихсон байв.

15. Эмээг хөдөө ява_____ бид их санах байх даа.

16. Хоцрох вий хэмээн цагаа байн байн хара_____ гүйв.

17. Манай хамтлагийн ахлагч гитар тогло_____ дуу дуулдаг.

18. Готов Дунгармаа хоёр их сургуулиа төгс_____ хуримаа хийхээр тохиролцжээ.

19. Би наашаа ир_____ээ маш завгүй байлаа.

-ж (-ч) , -аад⁴, -н, -саар⁴, -вал⁴ (-бал⁴) ,
-вч, -тал⁴, -магц⁴, -хлаар⁴, -нгаа⁴

1.2 次の下線部に適する時を示す語を入れなさい。(各2回)

1. Хоёр найз маань _____ (昨日) өдөржингөө шатар тоглосон болохоор _____ (明日) тоглохгүй гэв.

2. Энэ байрыг _____ (去年) зассан болвч _____ (再来年) дахиад л засна гэнэ.

3. Тэд _____ (おととい) хөдөө яваад _____ (今日) гэхэд буцаад ирнэ шүү дээ.

4. Том эгч _____ (先月) сард дөнгөж ажилд орсон боловч _____ (来月) сараас гадаадад ажиллах гэнэ.

5. _____ (昨日) Батын, _____ (今日) миний, _____ (明日) Лхагвын, _____ (あさって) Рагчаагийн төрсөн өдөр.

6. Бидний хийсэн төслийг _____ (今年) хотод, _____ (来年) хөдөө орон нутагт хэрэгжүүлэх төлөвлөгөөтэй байгаа.

7. Зурагтаар _____ (おととい) Японы өмнөд хэсэг далайн хар салхинд өртсөн тухай, _____ (あさって) ч бас тэрүүгээр далайн хар салхи дайрч өнгөрөх тухай мэдээлэв.

8. Манай том хүү _____ (去年) эхнэр авч тусдаа гарсан. Харин бага хүү _____ (今年) Францад сурахаар явна. Охин маань _____ (おととし)

оюутан байхдаа нэг удаа Итали яваад ирсэн.

9. _____（再来年）гэхэд манай мал одоогийнхоос хоёр дахин олширно доо.

10. Энэ бол _____（おととし）аялалаар Хяргас нуур явахдаа авсан зураг.

11. Чи _____（来週）долоо хоногийн ажлын төлөвлөгөөг даргаас аваад ир.

12. Бид _____（来年）Улаан-Үд хот үзэхээр явна.

13. Чили улс газар дор хоригдсон уурхайчдыг аврах ажлаа _____（先週）долоо хоногт амжилттай дуусгажээ.

уржигдар, өчигдөр, өнөөдөр, маргааш, нөгөөдөр, өнгөрсөн, ирэх, уржнан, ноднин, энэ жил, ирэх жил, дараагийн дараа жил

2. ［クロスワードパズル］
　次の単語をモンゴル語で横書きにし、その結果縦のラインに完成する語をモンゴル語で答え、日本語で訳しなさい。

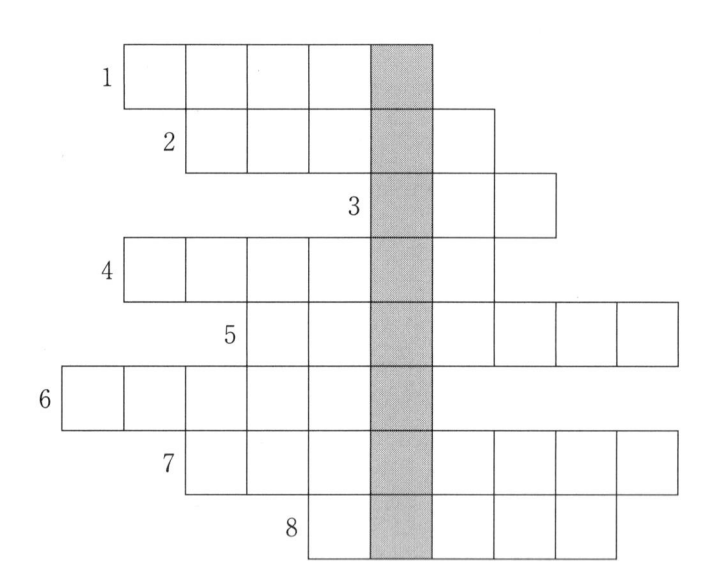

1. 写真
2. アイマグ（行政単位）
3. 道
4. テント
5. 記念
6. 運転手
7. 予約
8. 飛行機

　　答 _____ （　　　　　　　　）

B. 応用編

1.［適語補充］
1.1 次にあげるものはモンゴル語の代表的なことわざです。下線部に適する動詞の連用語尾をかっこの中から一つ選んで、ことわざを完成させなさい。

1. Усыг нь уу_____
   Ёсыг нь дагадаг

2. Могой гурав тасра_____
   Гүрвэлийн чинээ

3. Ишиг эврээ урга_____
   Эхийгээ мөргөх

4. Ажил хийвэл дуус_____
   Давс хийвэл уустал

5. Гар бари_____
   Бугуй барих

6. Хуур_____ хуурсаар худалч
   Хумсал_____ хумсалсаар хулгайч

7. Сэжгээр өвдө_____
   Сүжгээр эдгэдэг

```
     -ж,  -аад,  -саар,  -саар,
     -вал,  -вч,  -тал,  -хаар
```

1.2 次の文の下線部に、かっこの中から最も適する時を示す語を入れて、文を正しく完成させなさい。

1. Манай энд _____ _____ маш хүйтэн байлаа. Харин _____ _____ гэнэт их халуун болно гэж цаг агаарын мэдээгээр ярилаа.

   уржигдар, нөгөөдөр, маргааш, өчигдөр

2. Та _____ надад ярихдаа _____ чадвал гадаад руу явж амарна гэсэн. Тэгээд _____ хаашаа явах төлөвлөгөөтэй байна вэ?

   дараагийн дараа жил, энэ жил, уржнан

3. Би _____т нэхэж эхэлсэн цамцаа _____ийн сүүлч гэхэд дуусгах санаатай.

   ирэх долоо хоног, өнгөрсөн долоо хоног

4. Хүүхэд: Ээж ээ, _____ хэддүгээр сар вэ?
   Ээж: Хариулахаасаа өмнө би чамаас юм асууя. _____ тавдугаар сар байсан бол _____ хэддүгээр сар вэ?

   өнгөрсөн сар, энэ сар, ирэх сар

2．［和文モ訳］
2.1 次の日本語を特に動詞の連用語尾に注意しながらモンゴル語に訳しなさい。

1. あなたはロシア語を独習していますか、人に教わっていますか。
   （→ -ж / -ч を用いて）
   独習する　өөрөө сурах

2. 私は東京で三泊して、つい昨日戻ってきました。
   （→ -аад⁴ を用いて）

3. 小川の水がサラサラと流れるのを聞くのは何とすばらしいんだろう。
   （→ -н を用いて）
   サラサラ音がする　хоржигнох

4. 私たちは君をここで持ち続けて、どこへも行くことができませんでした。
   （→ -саар⁴ を用いて）

5. 「恐れるならするな、するなら恐れるな」ということわざがあるんですよ。
   （→ -вал⁴ を用いて）
   〜するな　бүү 〜

6. 私たちはいくら疲れても、この仕事を今日終えなければなりません。

（→ -вч を用いて）

7. バータルは彼女を呼びに、ついさっき出て行きました。
　　（→ -хаар⁴ を用いて）

8. あなたが来るまで私はここで待っていましょう。
　　（→ -тал⁴ を用いて）

9. 先生が舞台の上にあがるやいなや私たちは拍手した。
　　（→ -магц⁴ を用いて）

10. 冬になったら寒くなり、雪が降ります。
　　（→ -хлаар⁴（〜 -хаар⁴）を用いて）

11. 太郎はテレビを見ながら勉強するのが好きです。
　　（→ -нгаа⁴ を用いて）
　　勉強する　хичээл хийх

2.2 次の日本語を特に時を示す語に注意しながらモンゴル語に訳しなさい。

1. 僕はおとといサッカーをしていて足をけがしてしまったのです。それで、大丈夫だったので、昨日も病院に行きませんでした。ところが、今日急に痛くなって医者に見せました。
　　足をけがする　хөлөө гэмтээх

2. 君が明日ここに来ることができないなら、私たちはあさって君の所に行ってもいいですよ。
　　君の所　чам дээр

3. 去年、おととしは降水量が少なく、ひどいひでり状態でした。ところが、今年はかなり雨が降り豊作です。来年はどうなのかなあ。
　　降水量　хур бороо　　　ひでり状態の　гандуу
　　豊作　ургац сайтай　　～かなあ　～бол доо?

4. 再来年、うちの大学の学長が交替するといった話があります。

5. 先月うちの会社はとても赤字だったので、来月我々は皆でしっかり頑張らなければなりません。
　　赤字の　алдагдалтай

第 7 課　動詞の連体語尾 (үйлт нэрийн нөхцөл)、外来語 (зээлдсэн үг)

A. 基礎編

1.［適語補充］
1.1 次の下線部に、最も適する動詞の連体語尾をかっこの中から選んで、適する形にして文を完成させなさい。(ただし、各連体語尾を 2 回ずつ用いること)

1. Энэ бол сурагч бүхний мэд_____ дуу.

2. Үүнийг залуу хүмүүст л ярьж өг_____ зүйл байна даа.

3. Гулсуур дээр тоглож байг_____ хүүхэд миний ач.

4. Өчигдөр ав_____ сүү гашилчихжээ.

5. Багш маань хичээлдээ дандаа заа_____ мод хэрэглэдэг.

6. Чамд одоо юм хий_____ сонирхол алга уу?

7. Өдөр бүр анги цэвэрлэхдээ хэрэглэ_____ алчуурыг хаана тавьсан бэ?

8. Шиба Рёотаро гуайн бич_____ "Тал нутгийн тэмдэглэл"-ийг олон хүн уншсаар байна.

9. Өвөө маань бэлчээрт яв_____ хоньдоо гэрийнхээ гаднаас дурандаж суув.

10. Баруун монголд үз_____ газар олон бий гэж ярьдаг.

11. Энэ удаагийн аялалдява_____ хүмүүс эртхэн бүртгүүлээрэй.

12. Бид уржигдар кино театрт "Үл үзэгдэ_____ хүн" гэдэг кино үзсэн.

$$\boxed{\text{-сан}^4,\ \text{-аа}^4,\ \text{-даг}^4,\ \text{-гч},\ \text{-х},\ \text{-маар}^4}$$

1.2 次の下線部に適する外来語を入れて文を完成させなさい。

1. Би өглөө бүр талхан дээр _____ юм уу, _____ түрхэж иддэг.

2. Чи _____оо тайлаад, наад _____аа өмсөөд наашаа ороод ир.

3. Хөдөө машинаар хол явахдаа _____ дугуй, мөн ахиухан _____ авч явсан нь дээр шүү.

4. Биеийн тамирын хичээлд бүх сурагч дээгүүрээ цагаан _____, хөлдөө _____ өмсч орно шүү.

5. Энэ _____ хэдэн _____ вэ?

6. Ээж ээ, нарны _____оо авахаа мартаагүй биз?

7. Өдөн _____ их дулаахан шүү.

8. Охиндоо цагаан өнгөтэй _____ авахаа мартжээ.

9. Та үүнийг монгол кирилл үсгийн _____оор бичээрэй.

костюм, куртк, подволк, размер, ботинк, пүүз, тавчик, трико, фонт, запас, зонтик, варенье, бензин, масло

2. ［クロスワードパズル］
　次の単語をモンゴル語で横書きにし、その結果縦のラインに完成する語をモンゴル語で答え、日本語で訳しなさい。

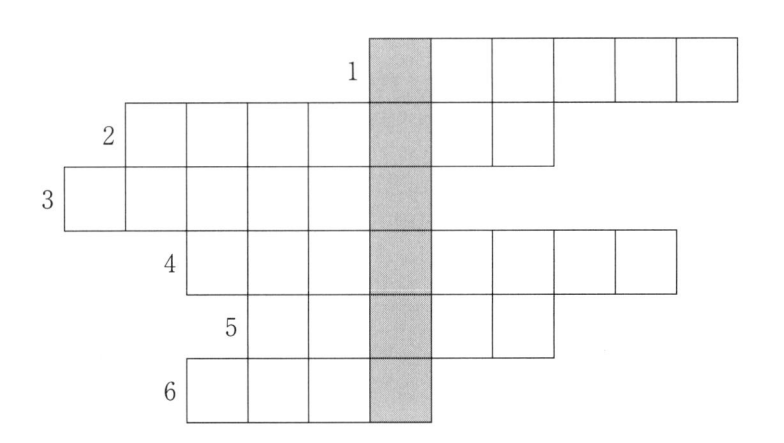

1. 黒板

2. 消しゴム

3. ノート

4. 鉛筆

5. 定規

6. はさみ

　　答 ＿＿＿＿＿＿＿＿＿＿　（　　　　　　　　）

B. 応用編

1.［適語補充］
1.1 次のテキストを読んで、かっこの中から連体語尾を接続した最も適する動詞を選んで、文を完成させなさい。

　Япон улсын нэг аралд их бороо орсноос болж голын ус хальж үер болжээ. Үерийн улмаас олон хүн _____ байранд амьдарч байна. Хоргодож _____ хүмүүст цэвэр ус хамгийн их хэрэгтэй байлаа. Мөн үерт гэр орноо _____ хүмүүс чухам юу хийхээ ч мэдэхгүй, зөвхөн бороо л зогсохыг хүлээж байв. Тэдэнд туслахаар аврах албаныхан хоёр арлын хооронд _____ усан онгоцоор очжээ. Эдэнд очоод _____ юм их байлаа. Иймд очих замдаа аврах багийн _____ дарга хүмүүстэйгээ сайн зөвлөлджээ.

> алдсан, явдаг, байгаа, орлогч, хоргодох, хиймээр

1.2 次のモンゴル語の説明を読んで、それに相当する外来語をかっこの中から一つ選んで答えなさい。

1. чихэр　　　　　　　　… _____

2. төмөр замын буудал　 … _____

3. зургийн хальс　　　　 … _____

— 52 —

4. толь бичиг　　　　　　　　… _____

5. тойрон аялал　　　　　　　… _____

6. бялуу　　　　　　　　　　… _____

7. цахилгаан шат　　　　　　… _____

8. богино өмд　　　　　　　　… _____

9. үзэг харандааны сав　　　　… _____

10. юм агуулах газар　　　　　… _____

11. эрдмийн зэрэг горилох зохиол … _____

12. үзүүлэх тоглолт　　　　　… _____

13. хатуу зузаан цаас　　　　　… _____

пенал, словарь, диссертац, картон, лифт, склад, шорт, торт, сахар, экскурс, шоу, вокзал, плёнк

2.［和文モ訳］
2.1 次の日本語を特に動詞の連体語尾に注意しながらモンゴル語に訳しなさい。

1. 昨日見たモンゴル映画は、私にはすばらしく感じられました。
　　　感じられる　санагдах

2. 日本人の食べる主食は米ですが、モンゴル人のは肉です。
　　　〜の（もの）　-ынх²

3. 私に聞くことがあれば、いつでも聞いてもいいですよ。
　　　〜してもよい　-ж болох

4. この児童図書館には、読むべきおもしろい本がたくさんあるそうです。

5. あそこで新聞を読んでいる人をあなたは知っていますか。
　　　（人を）知る　таних

6. 数日前からこのコピー機はどうもよく動きません。
　　　どうも〜でない　нэг л 〜 гүй　　　動く　ажиллах

2.2 次の日本語を特に下線を引いた外来語に注意しながらモンゴル語に訳しなさい。

1. ベランダに置いた冷凍肉を中に入れてしまいなさい。
　　　冷凍の　хөлдүү

2. モンゴルでは、たまに停電になるので、ほとんどの家庭は、自分

の家にろうそくを買って置いてあります。
　　ほとんどの　ихэнх　　　たまに　хааяа

3. 冬、外がいくら寒くても、時には小窓を開けて換気しなければなりません。
　　いくら〜しても　хичнээн〜ч　　換気する　агаар солих

4. この間、人が大勢いるバスに乗っていて、ポケットの中に入れたお金をなくしてしまった。
　　この間　эртээр

5. うちのすべての食器は、その戸棚の中にあります。
　　食器　сав суулга

6. コンロの上に置いた食事を、昼間暖かくして食べなさい。

7. さっき量ってみると、私のスーツケースは20キログラムをかなり越えています。

第8課 数詞（-нのない形）＋概数後置詞＋名詞、モンゴル語の方位・方角 (зүг чиг)

A. 基礎編

1. ［適語補充］
1.1 かっこの中から適する語を選びなさい。

1. Самдангийн ачаар тэдний хонь өссөөр (мянга, мянган) шахам толгой болжээ.

2. Сар болгон (дөрөв, дөрвөн) долоо хоногтой.

3. Сая (хэд, хэдэн) орчим насны хүүхэд дагуулсан хүн ирээд явсан бэ?

4. Тус оронд хэдэн (мянга, мянган) залуучууд засгийн газраа эсэргүүцэж жагссан тухай мэдээ сонслоо.

5. Тэр гуанз (зуу, зуун) гаруй гэр оронгүй хүмүүсийг үнэгүй хоолложээ.

6. Хурдан галт тэрэг "Шинкансэн"-ийг (хэд, хэдэн) жилийн өмнө зохион бүтээсэн бэ?

7. Өө, бид (гуч, гучин) шахам минут чамайг гадаа хүлээж байна шүү.

1.2 下の地図を見て、下線部に適する方位語を入れなさい。

Миний амьдардаг оюутны байрны эргэн тойронд юу юу байдгийг та нарт хэлж өгье. Манай байрны яг _____ талд нь автобусны зогсоол, _____ талд нь зурагчин, _____ талд нь хүнсний дэлгүүр, _____ талд нь хүүхдийн цэцэрлэг, _____ талд нь Монгол банк, _____ талд нь цайны газар, _____ талд нь кино театр, _____ талд нь номын дэлгүүр байдаг юм.

зүүн, баруун, өмнө, хойт,
баруун өмнө, баруун хойт,
зүүн өмнө, зүүн хойт

2. ［クロスワードパズル］
　次の単語をモンゴル語で横書きにし、その結果縦のラインに完成する語をモンゴル語で答え、日本語で訳しなさい。

1. 空
2. 社会
3. 工場
4. 文化
5. 国
6. 移動式住居
7. 広場

　　　答　_____（　　　　　　　　）

B. 応用編

1.［適語補充］
1.1 次の会話を読んで、下線部に適する語をかっこの中から選びなさい。

Сурвалжлагч: Өвөө, танайх _____ орчим малтай айл вэ?
Малчин: Манайх _____ гаруй малтай айл. Ихэнх нь хонь ямаа. Гэхдээ _____ шахам тэмээ бий.
Сурвалжлагч: Та _____ хүүхэдтэй вэ?
Малчин: Би _____ хүүхэдтэй, _____ хүү, гурван охинтой. Хүүхдүүд маань бүгд том болцгоосон.

> таван, найман, хорь,
> хоёр мянга, хэд, хэдэн

1.2 下の地図を見て、次の質問に答えなさい。ただし、下線部に入る方位語はかっこの中から選びなさい。

N ↑

| 子供の遊び場 | ボルドの家 | 図書館 |

| 学校 |

| バトの家 | 先生の家 | 駐車場 |

1. Болдынх сургуулийн аль талд байдаг вэ?
   _____ талд байдаг.

2. Батынх сургуулийн аль талд байдаг вэ?
   _____ талд байдаг.

3. Машины зогсоол сургуулийн аль талд байдаг вэ?
   _____ талд байдаг.

4. Болдын гэрийн аль талд номын сан байдаг вэ?
   _____ талд байдаг.

5. Хүүхдийн тоглоомын талбай сургуулийн аль талд байдаг вэ?

_____ талд байдаг.

6. Хүүхдийн тоглоомын талбай Болдын гэрийн аль талд байдаг вэ?
   _____ талд байдаг.

7. Сургуулийн аль талд номын сан байдаг вэ?
   _____ талд байдаг.

8. Багшийнх сургуулийн аль талд байдаг вэ?
   _____ талд байдаг.

> зүүн, баруун, өмнө, хойт,
> баруун өмнө, баруун хойт,
> зүүн өмнө, зүүн хойт

2. ［和文モ訳］
2.1 次の日本語を特に概数後置詞に注意しながらモンゴル語に訳しなさい。

1. 2007年にオラーンバータルは、100万以上の人口を持つ都市の一つになったのです。
   　人口　хүн ам

2. あなたは将来どれくらいの単語ののったモ日辞典を作るつもりですか。
   　将来　цаашдаа　　～するつもりである　-x санаатай

3. あの人は、1万近くの外国の珍しい切手を収集したそうです。
  切手を収集する марк цуглуулах

4. 彼の家族は、20年以上前に田舎から都市に引っ越してきました。
  彼の家族 тэднийх

5. 車は高速道路を時速80キロぐらいのスピードで走るべきです。
  時速〜キロのスピードで цагт 〜 километрийн хурдтай
  〜すべきである -х ёстой

6. エルデネさんは、今90歳近くですが、体の動きが軽快です。
  （動きが）軽快な хөнгөн шингэн

2.2 次の日本語を特に方位語に注意しながらモンゴル語に訳しなさい。

1. モンゴル国の領土は西から東へ延びてできています。
  領土 нутаг дэвсгэр 延びてできる сунаж тогтох

2. モンゴル国の北西部は山がちな土地です。
  山がちな уулархаг

3. 国際空港は市の中心から南西の方向にあります。
  空港 нисэх онгоцны буудал

4. この地方の南東部で森林火災が発生したせいで、多くの人が被害を受けたのです。

　　～のせいである　-аас⁴ болох　　　被害を受ける　хохирох

5. あなたはこのまままっすぐ歩いて行けば郵便局に着きます。郵便局の北東の方向にあなたの探しているホテルがありますよ。

　　このまままっすぐ　энэ чигээрээ

ナーダムのブフ（民族相撲）

第9課　動詞の態（үйл үгийн хэв）、
モンゴル語の授受表現と迷惑・被害表現

A. 基礎編

1. ［適語補充］
1.1 次の下線部に適する動詞の態の形を入れて文を完成させなさい。
（各2回）

1. Наадмаар бари_____ах бөхчүүд хэдэн сарын өмнөөс бэлтгэл хийж эхэлсэн байна.

2. Бид хоёр Монголд хамт сура_____аж байсан юм.

3. Шинэ гарсан кино чамд ямар сана_____ав?

4. Миний захисан номыг найз минь яв_____жээ.

5. Яаж дээл хийдгийг ээжээрээ заа_____ж авлаа.

6. Зайсан толгой дээр гарвал Улаанбаатар хот сайхан хара_____ана шүү.

7. Бид л энэ ажлыг дуус_____х ёстой шүү.

8. Үүнийг тавин грамм усан дээр гурван удаа дус_____гаад амаа зайлаарай.

9. Хиромигийн эмээ нь шинэ гарсан зоосон мөнгө цугл_____саар ирсэн хүн.

10. Хэрвээ энэ толь бичиг ол_____вол би заавал авна.

11. Өнөөдөр танд дуул_____х сайн мэдээ байна.

12. Хүүе, чи дүүгээ битгий ай_____ад бай.

13. Хүү минь, чи чангахан ярь даа. Надад юу ч дуул_____ахгүй байна.

14. Монголчууд зун болохоор борц гэдэг хат_____сан үхрийн махаар хоол хийж иддэг.

15. Таара_____сан хүмүүс оюутан цагийн найзууд бололтой.

16. Хурим хийж байгаа хосууд бөгж соли_____ов.

| -уул-, -лга-, -га-, -аа-, |
| -гд-, -д-, -лц-, -лд- |

1.2 次の下線部に最も適する動詞を入れて、授受表現《～してもらう》を完成させなさい。

1. Би цээж зургаа _____маар байна.

2. Би бээлий нэхэхийг _____маар байна.

3. Гутлынхаа өсгийд юм _____маар байна.

4. Надаар _____маар юм байвал хэлээрэй.

5. Энэ дээр танаар гарын үсэг _____маар байна.

6. Бид эгчээр үлгэр _____маар байна.

7. Би бушуухан шүдээ эмчид _____мээр байна.

8. Ачаагаа машинаар л _____мөөр байна.

9. Аав аа, би хийсэн даалгавраа танаар _____маар байна.

10. Эгч ээ, би танаар найздаа өгөх бэлгээ _____маар байна.

11. Гэрт чинь мартсан номоо чамаар _____маар байна.

12. Эмээгээр иймэрхүү оймс _____мээр байна.

зуруул-, нэхүүл-, сонгуул-, туслуул-, үзүүл-, шалгуул-, авчруул-, авахуул-, яриул-, заалга-, зөөлгө-, наалга-

2．[クロスワードパズル]
　次の単語をモンゴル語で横書きにし、その結果縦のラインに完成する語をモンゴル語で答え、日本語で訳しなさい。

1. 帽子
2. ズボン
3. サイズ
4. おつり
5. レシート
6. 靴

　　　答 ＿＿＿＿＿＿＿＿＿＿＿＿　（　　　　　　　　　　）

B. 応用編

1.［適語補充］
1.1 次の会話を読んで、下線部に適する語をかっこの中から選びなさい。

Өсвөрийн бөхчүүд

Гадаа пид пад хийх чимээ _____ж, гараад харвал хоёр жаал _____ж байлаа. Томчууд тэднийг өхөөрдөн _____ж байв. Биеэр жижиг нь _____х шинж алга гэж нэг өвгөн түүнийг _____ав. Бас нэг залуу "Энэ хоёр хүү чөлөөт цагаа мөн ч зөв _____ж байна шүү" гээд тэдний барилдааныг ажиглан зогсов. Хэн нь ямар мэх хийж байгааг хүмүүс их л сонирхон _____ав. Чухам хэн нь ялах бол?

урамшуул-, өнгөрөө-, ялагда-, сонсдо-, ярилц-, барилда-, харцгаа-

1.2 次のテキストの下線部に、最も適する動詞をかっこの中から一つ選び、それを授受表現に換えて文を完成させなさい。

Таван настай Цэцгээ охин, найзуудаасаа "Хэрвээ бид нар дээр одоо ид шидтэн ирээд, хүслийг чинь биелүүлье гэвэл та нар юу хүсэх вэ?" гэж асуув.
Найз 1: Би үсэг бичихдээ _____маар байна гэв.
Найз 2: Миний үс урт ургасан учраас _____маар байна гэв.
Найз 3: Миний ам цангаж байгаа учраас уух юм

_____ маар байна гэв.
Найз 4: Надад яг одоо гоё дэвтэр хэрэгтэй учраас
дэлгүүрээс _____ маар байна гэв.
Найз 5: Би сая тоглож байгаад өмдөө урчихсан
учраас түүнийгээ _____ маар байна гэв.
Найз 6: Би өвөөгийн бэлэглэсэн тоглоомон машиныг
ахаар _____ маар байна гэв.
Найз 7: Би Болдоор шинэ гарсан компьютерийн
тоглоомыг _____ маар байна гэв.
 Үүнийг сонссон Цэцгээ охин, харин би бол өөрийгөө ид шидтэн _____ моор байна гэв.

> ав-, бол-, заа-, оё-,
> авчра-, тайра-, тусла-, угсра-

2. ［和文モ訳］
2.1 次の日本語を特に動詞の態に注意しながらモンゴル語に訳しなさい。

1. 私はこの本を翻訳する時、あなたに手伝ってもらいたいのですが。
　　〜したいのですが　-х гэсэн юм

2. 私は昨晩酒をたくさん飲んだせいで、両親にひどく叱られました。
　　〜のせいである　-аас⁴ болох

3. うちの弟は先週の日曜日、市場を歩いていて、すべてのお金をす

られてしまいました。
　　お金をする　мөнгө суйлах

4. ここ数年間で、このあたりで建物が非常に急速に建てられています。
　　ここ数年間で　сүүлийн хэдэн жилүүдэд
　　建物　байшин барилга

5. 彼らは最近仕事に追われて、とても忙しいようです。
　　仕事に追われる　ажилд дарагдах
　　〜のようである　〜юм шиг байна

6. おととし太平洋のある島が洪水に見舞われて、大勢の人が亡くなったのです。
　　太平洋　Номхон далай　　洪水に見舞われる　үерт автагдах

7.「一日知り合い、千日友となる」ということわざがあることを常に覚えておいてください。
　　覚えておく　санаж явах

8. あの電器店では今日から物が安くなると言って、人々は押し合いながら一斉に入っています。
　　電器店　цахилгаан барааны дэлгүүр
　　押し合う　шахалдах

9. 明日天気が良ければ、みんなでそろってピクニックに行きましょ

う。
　ピクニックに行く　зугаалганд явах

2.2 次の日本語を特に授受表現《〜に…してもらう》に注意しながらモンゴル語に訳しなさい。

1. 私はこのコンピューターをあなたに修理してもらいたい。

2. 私は君にこの仕事をしてもらいたい。

3. 私はエルデネ先生にモンゴル語を教わりたい。

4. 私はあなたのお母さんにデールを縫ってもらいたい。

5. 私はこの本をあなたたちに日本語に翻訳してもらいたい。

6. 私は君に散髪してもらいたい。
　　散髪する　үс засах

7. 私はあなたと一緒に写真を撮ってもらいたい。
　　写真を撮る　зураг авах

8. 私はこのプレゼントを君にツェツゲーに渡してもらいたい。
　　渡してもらう　өгүүлэх（< өг- 与える）

第10課　高位数詞 (их тооны нэр)、
分数 (бутархай тоо)、小数 (аравтын бутархай)、
五畜 (таван хошуу мал)

A. 基礎編

1. ［適語補充］
1.1 次の数詞をモンゴル語で書きなさい。

1. 2010 оны тооцоогоор монгол улсын нийт хүн ам нь _____ (2,900,000) гаруй гэжээ.

2. Японд ойролцоогоор _____ (27,360,000) хүн Ютүб сайтыг сар тутам хэрэглэдэг гэсэн тооцоо гарчээ.

3. Нөхөр маань саяхан надад _____ (750,000) төгрөгөөр оёдлын машин авч өгсөн.

4. Япон улс Монгол улсын газар нутгийн бараг _____ (1/4) -тэй тэнцэх нутаг дэвсгэртэй.

5. Аль банкнаас _____ (1.3) хувийн хүүтэй зээл авч болох бол?

6. _____ (7/8) дээр _____ (2/9) -ыг нэмбэл хэд вэ?

7. Таван ихэр хүүхэд төрөх нь _____ (1/1000) -д тохиолдох ховор үзэгдэл юм.

8. Хүүхэд эхээс төрөхдөө ойролцоогоор _____

— 72 —

(51.5) сантиметр байдаг бололтой.

9. Япон улсын нийт хүн амын _____ (1.6)
   хувийг гадаадын иргэд эзэлдэг гэсэн тооцоо
   гарчээ.

1.2 次にあげるものは、モンゴルの有名な五畜に関することわざです。下線部に適する家畜の名称を入れなさい。

a.《馬》
1. Хөгшин _____
   Жороо сурах
2. Загасчны _____ усгүй
3. Хүн болох багаасаа
   Хүлэг болох _____ наасаа
4. _____ наас унаж үхдэггүй
   Даравгараас болж үхдэг

b.《牛》
1. Үг олдож
   _____ холдох
2. Уулын буга үзээд
   Унасан _____ аа хаях
3. Шаварт унасан
   _____ ын эзэн хүчтэй
4. Буцах бэрд
   _____ нийлэх хамаагүй
5. Эр хүн туг ч барина
   _____ ч хариулна
6. Тэжээсэн _____
   Тэрэг эвдэнэ

c.《ラクダ》
1. Хүн гэмээ мэддэггүй
   _____ гэдгэрээ мэддэггүй
2. Тэмээ хариулсан хүн
   _____ынхаа занг андахгүй
3. Үхсэн буурын толгойноос
   Амьд _____ айдаг

d.《羊》
1. _____ны толгой өлгөөд
   Нохойн мах худалдах
2. Идээ эзнээ таньдаггүй
   _____ сүүлээ таньдаггүй

e.《山羊》
1. Зуун ямаанд
   Жаран _____
2. _____ эврээ ургахаар
   Эхийгээ мөргөх

2. ［クロスワードパズル］
　次の単語をモンゴル語で横書きにし、その結果縦のラインに完成する語をモンゴル語で答え、日本語で訳しなさい。

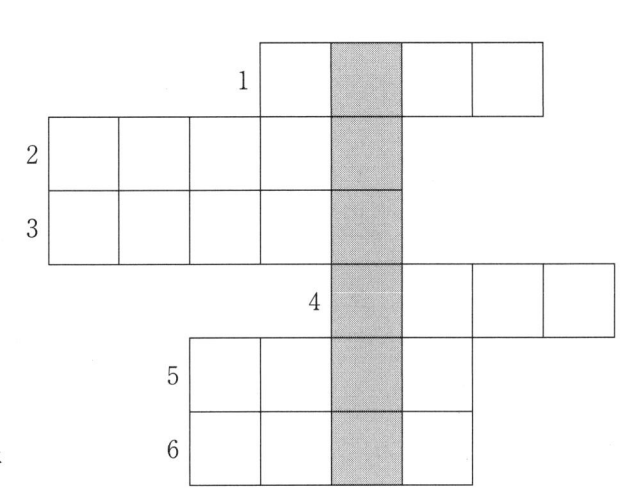

1. 山羊

2. 子羊（1歳までの）

3. 子牛（1歳までの）

4. 狼

5. 子山羊（1歳までの）

6. 羊

　　答 _____　（　　　　　　　　　）

B. 応用編

1. ［適語補充］
1.1 次の2010年度の統計を見ながら、下線部にあてはまる数詞をモンゴル語で書きなさい。

	日本	モンゴル
人口	1億2770万人	290万人
面積	37万7930km²	156万5000km²
家畜数（羊＋山羊）	4万2000頭	2615万頭

	東京	オラーンバータル
人口	1304万人	110万人
面積	2187km²	4704km²

1. Япон улсын нийт хүн ам нь _____ _____ юм.
2. Монгол улс _____ хавтгай дөрвөлжин километр нутаг дэвсгэртэй.
3. Монгол улсын таван хошуу малаас зөвхөн хонь ямаа нь нийлээд _____ толгой ажээ.
4. Токио хот бол Улаанбаатараас _____ (11.85) дахин олон хүн амтай.
5. Улаанбаатар хот бол Токиогоос _____ (2.15) дахин их нутаг дэвсгэртэй.

1.2 次の説明文やなぞなぞを読んで、下線部に適する五畜の名称を
かっこの中から選んで入れなさい（各2回）

a. Монголчууд таван хошуу малаа өөр өөр ер бусын гарал үүсэлтэй гэж үздэг домог яриа уламжлагдан иржээ. Эртний домог ёсоор _____ бол салхинаас, _____ бол тэнгэрээс, _____ бол уснаас, _____ бол нарнаас, _____ бол хаднаас бий болсон гэжээ.

b. 1. Өөхөн бөмбөөхэй
   Араг сэгсээхэй, Тэр юу вэ?   → _____

2. Уулыг
   Утсаар хөтлөх, Тэр юу вэ?   → _____

3. Урдаа сэрээтэй
   Дундаа хөхүүртэй
   Ардаа ташууртай, Тэр юу вэ?   → _____

4. Ээрэм талын мангас
   Эр эмгүй сахалтай, Тэр юу вэ?   → _____

5. Алс газрыг товчлогч
   Эвэр далавчит гуа тогос, Тэр юу вэ? → _____

> морь, үхэр, тэмээ, хонь, ямаа

2.［和文モ訳］
2.1 次の日本語を特に数詞に注意しながらモンゴル語に訳しなさい。

1. 私は10年間お金を貯めていて、去年285万円で外国の新車を買いました。
　　お金を貯める　мөнгөө цуглуулах

2. 日本政府から地震に遭ったその国に4760万円の資金援助を行ったのです。
　　地震に遭う　газар хөдлөлтөд өртөх
　　資金援助を行う　мөнгөн тусламж үзүүлэх

3. ドンドグ先生の講義に出席すべき学生たちの3分の2が来たのです。
　　～すべき（である）　-х ёстой

4. オラーンバータルに新しく建設する橋の10分の3を日本国の援助で建てるそうです。

5. 0.84に9.16を足すといくらですか。
　　～に…を足す　～ дээр …-ыг² нэмэх

6. 世界の総人口の19.3%を中国が、17.2%をインドが占めています。

2.2 次の日本語を特に家畜の名称に注意しながらモンゴル語に訳しなさい。

1. 羊ではなく山羊だけが岩を登るのが好きだよ。
　　〜を登る　-д авирах

2. 今年のナーダムで、私の2歳馬がびりになりました。
　　（競馬で）びりになる　баян ходоод болох

3. 今春、うちの8頭の雌馬が子を産み、5頭の雌ラクダが子を産みました。
　　馬が子を産む　унагалах　　ラクダが子を産む　ботголох

4. お父さんは、この子羊を大きくなったら種羊にすると言っていました。
　　種羊にする　хуц тавих

5. バータルの家は、この冬用の食肉に1頭の去勢牛、3匹の去勢羊、2匹の去勢山羊をさばいたようです。
　　冬用の食肉　өвлийн идэш　　さばく、屠殺する　гаргах

第11課
再帰所有語尾 (ерөнхийлөн хамаатуулах нөхцөл)、
身体器官名称 (биеийн эрхтний нэр)

A. 基礎編

1. ［適語補充］
1.1 次の下線部に適する所有語尾（再帰所有語尾または人称所有語尾）を入れて文を完成させなさい。（各1回）

1. Должин _____ , чи одоо амар даа.

2. Би гэртээ оронгуутаа л гар_____ савандаж угаадаг.

3. Ах цамцны_____ унасан товчийг надаар хадуулдаг.

4. Та хоёрын хэн нь голдуу адуу_____ манадаг вэ?

5. Уучлаарай, цүнх _____ онгойчихсон байна шүү!

6. За, би угааж хатаасан жийнс_____ гаднаас оруулъя.

7. Чи яахаараа дандаа өмдний_____ халаасыг урчихдаг юм бэ?

8. Болд оо, чи хүзүү_____ яачихаа вэ, зүгээр үү?

9. Хорин жил болоод уулзахад багш _____ яг хэвээрээ шахам байсанд бид их л гайхаж билээ.

10. Ноднин хавар тарьсан мод_____ бид өдөр бүр усалдаг.

11. Миний найз Цэрмаагийн ах _____ ч инженер, эгч _____ ч бас инженер.

12. Эмээ нүдний шилний_____ гэрийг энд тавьсанаа мартсан бололтой.

> минь, маань, чинь, нь, нь,
> -аа, -оо, -ээ, -хаа, -хээ, -хөө, -гаа, -гээ

1.2 次の下線部に適する身体器官名称を入れて慣用句を完成させなさい。(各1回)

a.
1. _____ хужирлах《物を見て楽しむ》
2. _____ хийх газаргүй болох《大変恥ずかしい》
3. _____ халах《話が弾む》
4. _____ өвдөг нийлэх《年老いる》
5. урт _____ тэй《物事を聞きつけるのが早い》

> нүүр, ам, чих, нүд, эрүү

b.
1. _____ газар хүрэхгүй《大喜びする》
2. _____ сайтай《記憶力のいい》
3. урт _____ тай《盗み癖のある》
4. _____ тулах《威張る》

5. _____ эргэх зайгүй 《場所が非常に狭い》

> цээж, ташаа, бөгс, гар, хөл

c.
1. _____ гаргах 《勇気を出す》
2. _____ эмтрэх 《ひどく心が痛む》
3. өөхөнд хучсан _____ шиг
　　　　　　　　《子供をひどく甘やかす》
4. _____ сагсайх 《かっとなって怒る》
5. долоон _____ гаа тооцих 《何でもすべて逐一話す》

> булчирхай, зүрх, уушги, элэг, бөөр

2. ［クロスワードパズル］

次の単語をモンゴル語で横書きにし、その結果縦のラインに完成する語をモンゴル語で答え、日本語で訳しなさい。

1. 胸
2. 頬
3. まつ毛
4. 手首
5. 鼻
6. 唇

答 ＿＿＿＿＿＿＿＿＿＿＿＿＿ （　　　　　　　　　　）

B. 応用編

1.［適語補充］
1.1 次のテキストを読んで、下線部にかっこの中から最も適する所有語尾（再帰所有語尾または人称所有語尾）を一つ選んで、文を完成させなさい。

　Одоо би өөрийн_____ нэг өдрийн тухай товчхон ярья.
Би өглөө бүр долоон цагт босоод, гар нүүр_____ угаадаг. Дараа _____ өглөөний_____ цайг уудаг. Тэгээд яг найм хагаст гэрээс_____ гарч, ажилд_____ явдаг. Ажил _____ есөн цагт эхлээд, арван долоон цагт тардаг юм.

　Хааяа нэг ажлын_____ дараа найз нөхөдтэй_____ хамт ресторанд ордог. Ихэнхдээ гэрт_____ гэр бүлийнхэнтэй_____ хамт оройн хоол_____ иддэг.

　Бас хоёр өдөрт нэг удаа дүүтэй_____ ээлжээр хоолны_____ дараа нохой_____ гэрээс ойрхон газар салхилуулдаг. Тэр үед таньдаг хүн тааралдвал надаас "Аав ээж _____ сайн уу?" гэж асуудаг.

　Би ах дүү зургуул_____. Бид бүгдээрээ аав ээжийн_____ ачаар том болцгоосон. Би орой бүр заавал зурагтын мэдээ үздэг. Тэгээд арван нэгэн цагийн үед ор_____ засч, унтахаар хэвтдэг.

| -аа, -аа, -ээ, -ээ, -ээ, -оо, -оо, |
| -гээ, -гээ, -гээ, -гоо, -хаа, -хээ, |
| -хоо, -хөө, -хөө, маань, чинь, нь |

1.2 次にあげるものは、モンゴル語の有名なことわざです。下線部に適する身体器官名称をかっこの中から一つ選んで、ことわざを完成させなさい。

1. Бэлгийн морины _____ үздэггүй

2. Нохой _____таа хүрэхээр усч

3. Хошуу нэмэхээр
   _____ нэм

4. Өөдөө хаясан чулуу
   Өөрийн _____ дээр

5. Урьд гарсан _____нээс
   Хойно гарсан эвэр урт

6. _____ алдвал барьж болдоггүй
   Агт алдвал барьж болдог

7. Нуухыг нь авах гээд
   _____ийг нь сохлох

8. Хөнжлийнхөө хэрээр _____өө жий
   Адууныхаа хэрээр исгэр

> толгой, нүд, чих, хамар
> ам, шүд, хөл, хуруу

2. ［和文モ訳］
2.1 次の日本語を特に再帰所有語尾に注意しながらモンゴル語に訳しなさい。

1. お母さん、僕は宿題をしてしまったよ。
   宿題　гэрийн даалгавар

2. 妻と私は、生まれ故郷で1ヶ月余り休んできました。
   生まれ故郷　төрсөн нутаг

3. 彼は大学を卒業するとすぐに外務省に就職したことに大勢の人が驚きました。
   外務省　гадаад хэргийн яам　　就職する　ажилд орох

4. ドルジは数年前母国を離れて、今まで彼から何の消息もありません。
   母国　эх орон　　消息　сураг чимээ

5. あなたたちは、この休み中にどこで何をしようと思っていますか。

6. 私たちは30年経って、高齢となった恩師と再会できるとは全く夢にも思いませんでした。
   夢に思う　зүүдлэх

2.2 次の日本語を特に身体器官名称を含む慣用句に注意しながらモンゴル語に訳しなさい。

1. ドルジは男の人なのに何て口が軽い人なんだろう。
　　口が軽い　задгай амтай

2. あなたのお母さんは、私たちに本当に腕によりをかけておいしい食事を作ってくれたよ。
　　腕によりをかける　гараа гаргах

3. バータルは一人娘をひどく甘やかして育てた人ですね。
　　ひどく甘やかす　алган дээрээ бөмбөрүүлэх

4. あなたはさすがにたくさんの所へ行って見聞を広めた人ですね。
　　さすがに　аргагүй л　　見聞を広める　нүд тайлах

5. 君はあわてていると言ったのに、全く緊張せずにうまく話したよ。
　　～のに　мөртлөө　　緊張する　биеэ барих

6. 私は小学校の時、舞台に上がって話をしようとしたところ、言葉をすっかり忘れてしまって、穴があったら入りたいくらいだったよ。
　　すっかり忘れる　таг мартах
　　穴があったら入りたい　нүүр хийх газаргүй болох

第12課
モンゴル語の文の構造 (өгүүлбэрийн бүтэц)、
複文 (хавсарсан нийлмэл өгүүлбэр)

A. 基礎編

1. ［適語補充］
1.1 次の下線部に最も適する動詞の述語形式を入れて文を完成させなさい。(各1回)

1. Шинэ он гар＿＿＿＿ хэдхэн хоног үлдээд байна.

2. Таныг өрөөнөөс гар＿＿＿＿ дарга орж ирсэн.

3. Манаачийг шалга＿＿＿＿ бүх юм хэвийн байсан гэнэ.

4. Намайг унши＿＿＿＿ та нар дагаж уншаарай.

5. Ер нь чи юм угаа＿＿＿＿ резинэн бээлий өмссөн нь дээр шүү.

6. Найз маань биднийг хар＿＿＿＿ инээмсэглэн гараараа даллав.

7. Дахин уулз＿＿＿＿ түр баяртай.

8. Танака дуртай номоо унши＿＿＿＿ нойр хоолоо ч мартчихдаг юм.

> -хад, -хдаа, -магц, магцаа,
> -хлаар, -хлаараа, -тал, -талаа

1.2 次は言葉遊びの一ジャンルであるなぞなぞに関する問題です。正しい答えをかっこの中から一つ選びなさい。

1. Дов тойрсон
   Долоон нүх, Тэр юу вэ?　　　　→ _____

2. Мөлгөр хүү
   Мөнгөн өлгийтэй, Тэр юу вэ?　　→ _____

3. Харахад хөвөн шиг
   Барихад ус шиг, Тэр юу вэ?　　　→ _____

4. Эрээн дээсийг
   Эвхэж болдоггүй, Тэр юу вэ?　　→ _____

5. Зажилж чадна
   Залгиж чадахгүй, Тэр юу вэ?　　→ _____

6. Уулын цаанаас
   Улаан гал, Тэр юу вэ?　　　　　→ _____

7. Нүд нь бүлтгэр
   Чих нь сэртгэр, Тэр юу вэ?　　　→ _____

нар, солонго, цас,
туулай, хайч, өндөг,
нүд・чих・хамар・ам

2.［クロスワードパズル］
　次の単語をモンゴル語で横書きにし、その結果縦のラインに完成する語をモンゴル語で答え、日本語で訳しなさい。

1. 遊び
2. 聞く
3. 呼吸、息
4. 練習
5. 考える
6. 言葉
7. 知恵

　　答　＿＿＿＿＿＿＿＿＿　（　　　　　　　）

— 90 —

B. 応用編

1. ［書き換え］
1.1 次の２つの単文をつないで複文にしなさい。

1. Би Японд амьдарч байсан.
   Тэр үед нэг эмээ надад ногоо дарах арга зааж өгсөн.

2. Би бага, дунд сургуульд сурч байсан.
   Тэр үед дандаа онц авдаг байсан.

3. Би хоолоо идэж дуусна.
   Тэр хүртэл чи хүлээж байгаарай.

4. Би ядарсан.
   Тэр болтол ажилласан.

5. Тэр жүжигчин тайзан дээр гарсан.
   Тэгмэгц үзэгчид алга ташив.

6. Ерөнхий сайд индэр дээр гарсан.
   Тэгмэгц үг хэлэв.

7. Та нар нутаг руугаа буцна.
   Тэгэхлээр бид их санах байх даа.

8. Би цалингаа авна.

Тэгэхлээр чамд гоё гутал заавал авч өгье.

1.2 ［読解］
次のシャガイ遊びに関するモンゴル語のテキストを読んで、質問に対し日本語で答えなさい。

Шагай таалцах

Монгол үндэстний тоглоомын нэг бол "шагай" юм. Шагай наадамд олон төрөл байдаг бөгөөд энэ удаа шагай таалцаж тоглох талаар танилцуулья.

Шагай таалцаж тоглоход нас хамаарахгүй ба хэдэн ч хүн хамт тоглож болно. Эхлээд тоглох гэж байгаа бүх хүн тойрч сууна. Дараа нь хүн бүрт тоглоход хэрэглэх бүх шагайг тэнцүү тоогоор хуваадж өгнө. Ингээд тоглоом эхэлнэ.

Тоглогчид гар гартаа шагайг өөрийн хүссэн хэмжээгээрээ атган, тэр чигээр нь гараа урагш сунгана. Мэдээж хэдэн шагай атгаснаа хэнд ч мэдэгдэж болохгүй. Мөн тоглогч өөрийн шагайг дуусаагүй байхад хоосон атгаж болохгүй дүрэмтэй. Тэгээд бүх хүний гарт атгаастай байгаа шагайнууд нийлээд хэд болохыг таан бодож хэлнэ. Тэгэхдээ өмнөх хүний хэлсэн тоог давтаж хэлдэггүй дүрэмтэй. Бүх тоглогч хэлж дууссаны дараа, гарт байгаа шагайгаа дэлгэн үзүүлнэ. Таадж хэлсэн тоогоор шагай байгаа эсэхийг тулгаж үзээд, таасан тоглогч бүх шагайг авна. Хэн ч таагаагүй бол дахин таалцах маягаар тоглоом үргэлжилнэ. Хэрвээ тоглогч дүрэм зөрчин хуурч мэхэлбэл өөрт байсан бүх шагайгаа хураалгана. Тэгээд тоглоомоос хасагдана. Энэ нь тоглож зугаацахаас гадна, хүүхдийн сэтгэхүйг хөгжүүлэх, тоо бодож сургах ач холбогдолтой юм.

1. Шагай таалцаж тоглоход баримталдаг гурван гол дүрмийг бич.

    1.
    2.
    3.

2. Ямар тохиолдолд хожсон гэх вэ?

2.1 ［和文モ訳］
　次の日本語を特に動詞の述語形式に注意しながらモンゴル語に訳しなさい。

1. 私が昨晩11時に家に帰った時、うちのおじいちゃんは寝ないで待っていました。

2. 私はモンゴルにいる時、ダミランというモンゴル人の学生と一緒に学生寮に住んでいました。

3. 君が一時間後に戻ってくるまで、私はここで待っていましょう。

4. あなたは日本に来るまで日本語を勉強していたのですか。

5. 私たちが家の中を走るやいなや、父はいつも「静かに、やめなさい」と言います。

6. 先生は教室に入ってくるやいなや、生徒たちに向かって「(皆さん)今日は」と言います。
　　〜に向かう　-д хандах

7. 日本では夏になると、犬が悲鳴をあげるほど暑くなります。
　　犬が悲鳴をあげるほど暑い　нохой гаслам халуун

2.2 [モ文和訳]
　次の舌慣らし言葉をまず日本語に訳しなさい。その後で何度も繰り返し声に出して練習しなさい。

1. Хүрэл илүүр
　 Болор соруул　　＿＿＿＿＿＿＿＿＿＿＿＿＿＿

2. Суран жолоо
　 Хулан жороо　　＿＿＿＿＿＿＿＿＿＿＿＿＿＿

3. Үүр цайлаа
　 Үүл цайрлаа　　＿＿＿＿＿＿＿＿＿＿＿＿＿＿

4. Даллрааар даллаж зурам агналаа
   Баллууар баллаж зураг зурлаа

フフール（馬乳酒の皮袋）

第13課 動詞のアスペクト（үйл үгийн байдал）

A. 基礎編

1. ［適語補充］
1.1 次の下線部に最も適する動詞語尾を入れて、動詞のアスペクト述語形式を完成させなさい。（各2回）

1. Би ээжийнхээ үсийг будаж өгье гэтэл ээж аль хэдийн үсээ будуулчих＿＿＿＿＿＿ байсан.

2. Дуу гарсан зүг харвал нүүдлийн шувууд өмнө зүгийг зорин нис＿＿＿＿＿＿ байлаа.

3. Эмээ маань орой болгон нүдэндээ эм дусаа＿＿＿＿＿＿ байж билээ.

4. Өвөө өөрийнхөө нүдний шилийг толгой дээрээ тавьчихаад хайг＿＿＿＿＿＿ л байв.

5. Өдийд айл бүр цагаан сараар хэрэглэх буузаа орой болгон чимхэ＿＿＿＿＿＿ байгаа даа.

6. Түүнийг босоход идэх юмы нь бэлтгэж ширээн дээр тавь＿＿＿＿＿＿ байлаа.

7. Би та нартай хамт энд байг＿＿＿＿＿＿ л баймаар байна.

8. Би оюутан байхдаа сургуулиас хамгийн ойрхон дэлгүүрээс идэж уух юмаа ав＿＿＿＿＿＿ байсан.

> -ж (-ч), -аад, -даг, -сан

1.2 次の下線部に最も適する動詞のアスペクト接尾辞を入れて文を完成させなさい。(各2回)

1. За, би бичсэн юмыг чинь нэг шалг_____ъя.

2. Ах минь гэртээ ирэнгүүтээ даалгавраа хий_____дэг.

3. Та жаахан яв_____ дээ. Бид нар хурлаас хоцрох гээд байна.

4. Чи үүнээс хойш тамхи татахаа бай_____.

5. Тэд сая гараад явсан. Инг_____гээд ороод ирэх байх.

6. Эхлээд та нарт монгол ёс заншлын тухай товчхон танилцуул_____ъя.

> -чих-, -аадах-, -схий-

2. ［クロスワードパズル］
　次の単語をモンゴル語で横書きにし、その結果縦のラインに完成する語をモンゴル語で答え、日本語で訳しなさい。

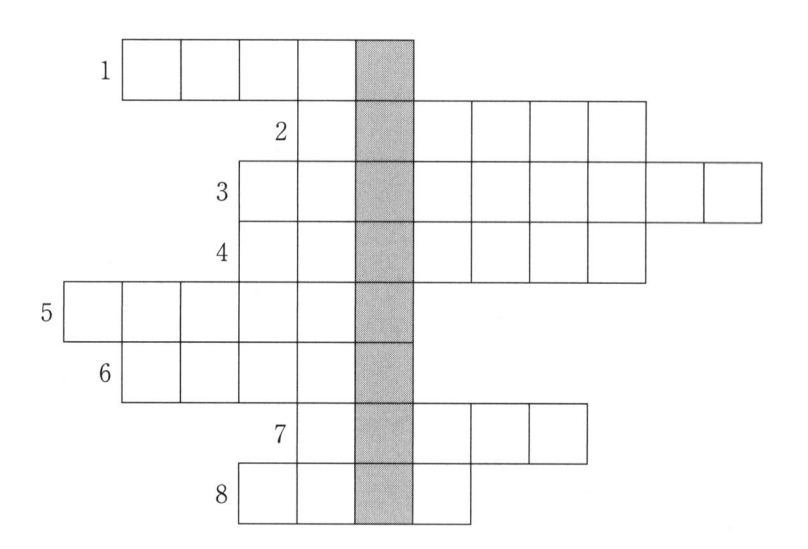

1. 競走（陸上の）
2. 跳ぶ
3. 体操
4. ける
5. スケート
6. 審判
7. 投げる
8. スキー

　　　答 _____ （　　　　　　　　　）

B. 応用編

1. ［適語補充］
1.1 次のテキストを読んで、下線部に最も適する動詞のアスペクト述語形式をかっこの中から一つ選んで文を完成させなさい。

　Манайх саяхнаас гэртээ нэг гөлөг тэжээ＿＿＿＿гаа. Гөлөг маань их хөөрхөн, бас ухаантай. Тэр дүүтэй тоглох их дуртай. Ялангуяа амралтын өдөр бол тэр хоёр тоглоод хөөцөлд＿＿＿＿даг юм. Бидний хэн нэг нь "Чиш! Чимээгүй!" гэвэл гөлөг маань тэр дороо унта＿＿＿＿гаа дүр үзүүлээд хэвтчихдэг. Тэгж байгаад заримдаа үнэхээр унтчих＿＿＿＿даг юм. Тэр үед нь чимээ гаргахгүй бол гөлөг маань унт＿＿＿＿даг. Анх дандаа сүү уу＿＿＿＿сан боловч одоо бол үгүй. Заримдаа дүү хоолы нь идүүлчих＿＿＿＿даг болохоор ээж хэмжээгий нь тааруулж хийж өгдөг болсон. Дүү бид хоёрын амьтан тэжээхийг хүс＿＿＿＿сан мөрөөдөл ингэж биелсэн юм.

> -ж бай-, -ж бай-, -аад л бай-, -өөд л бай-,
> -даг бай-, -дэг бай-, -сан бай-, -сэн бай-

1.2 次のテキストを読んで、下線部に最も適する動詞のアスペクト接尾辞をかっこの中から一つ選んで文を完成させなさい。

1. Чи яа＿＿＿＿аа вэ? Царай чинь жаахан улай＿＿＿＿сэн байна. Халуурч байгаа биш үү? Халууны чинь нэг үз＿＿＿＿ье. Тэгэх үү?

— 99 —

$$\boxed{\text{-ээдэх-, -чих-, -схий-}}$$

2. Би хөшгөө нээг_____ье. Өө, яанаа. Нар дээр гар_____сан байна шүү дээ. Жаахан яв_____хгүй бол өнөөдрийн хамаг ажил маань баларна даа.

$$\boxed{\text{-схий-, -ээдэх-, -чих-}}$$

2.［和文モ訳］
2.1 次の日本語を特に動詞のアスペクト述語形式に注意しながらモンゴル語に訳しなさい。

1. 君が家に帰ってくる時、雨が降っていましたか。
　　（-ж / -ч бай- を用いて）

2. あなたの学校でモンゴル語を学んでいる人は合計何人いますか。
　　（-ж / -ч бай- を用いて）
　　合計　нийтдээ

3. あの子供は外でお母さんをずっと待っています。
　　（-аад⁴ л бай- を用いて）

4. ドルジは真夜中まで宿題をずっとしていました。
　　（-аад⁴ л бай- を用いて）

真夜中　шөнө дунд

5. 私はモンゴルにいる時、ロブサンドルジ先生にモンゴル語を教わっていました。
　　（-даг⁴ бай- を用いて）

6. 私たちが小さい時、うちのおばあちゃんがいつも夕食を作っていました。
　　（-даг⁴ бай- を用いて）

7. 朝起きると、雪がもうかなり降っていました。
　　（-сан⁴ бай- を用いて）

8. 先生が教室に入ってくると、生徒たちは必ず黒板を消してあります。
　　（-сан⁴ бай- を用いて）
　黒板を消す　самбар арчих

2.2 次の日本語を特に動詞のアスペクト接尾辞に注意しながらモンゴル語に訳しなさい。

1. 私はバスの中で財布を盗まれてしまいました。
　　（-чих- を用いて）
　盗まれる　хулгайд алдах

2. 私が映画館に行くと、その映画はすでに始まってしまっていました。
　　（-чих- を用いて）
　　すでに　нэгэнт

3. 皆さん、少し近づいて。笑って下さい。撮りますよ。
　　（-схий- を用いて）

4. 前に立っている人たち、少し後ろへ下がって。
　　（-схий- を用いて）
　　後ろへ下がる　ухрах

5. 私は熱があるみたいです。熱を今すぐ計ってみよう。
　　（-аадах⁴- を用いて）
　　熱を計る　халуунаа үзэх

6. あなたはこれを読むことができないのですか。どれ、私が今すぐ読んでみましょう。
　　（-аадах⁴- を用いて）
　　どれ　алив

第14課 モンゴル語の補助動詞（туслах үйл үг）、
モンゴル語の連語（хоршоо үг）

A. 基礎編

1.［適語補充］
1.1 次の下線部に適する補助動詞をかっこの中から選んで文を完成させなさい。（各2回）
　なお、補助動詞に関しては、巻末の付録 (хавсралт) の9.補助動詞の項目を参考にしなさい。

1. Уучлаарай, энэ дээлийг өмсөж ＿＿＿＿＿＿эж болох уу?

2. Өглөөнөөс гэнэт цас орж ＿＿＿＿＿＿жээ.

3. Чамд үүнийг хэлэхээ таг мартаж ＿＿＿＿＿＿сон байна, би.

4. Та надад дахин хэлээд ＿＿＿＿＿＿нө үү? Би бичээд авъя.

5. Хичээлийн завсарлагаа болж сурагчид шуугилдаж ＿＿＿＿＿＿лаа.

6. Энэ нэвтрүүлгээс олон шинэ юм мэдэж ＿＿＿＿＿＿лаа.

7. Эмээ минь, та энэ хүйтэнд юу хийж ＿＿＿＿＿＿гаа юм бэ?

8. Хаягий нь чи тэмдэглээд _____ сан нь дээр биш үү!

9. Алив, би чамд зураад _____ ье.

10. Уран гулгагч эмэгтэй гулгахаасаа өмнө биеэ барьж _____ сэн бололтой.

11. Бат гуай дандаа л нэг юм бичиж _____ даг юм.

12. Танака болгоомжгүйгээсээ загасны махыг ястай нь залгиж _____ жээ.

13. Баавгайнаас айсан анчин хамаа намаагүй буудаж _____ чээ.

14. Би Хятад улсад нэг ч удаа очиж _____ ээгүй.

ав-, өг-, үз-, орхи-, суу-, гар-, эхэл-

1.2 次の下線部に適する語を入れて連語を完成させなさい。
（各1回）

1. _____ мэнд 《健康》

2. шинж _____ 《特質》

3. _____ хэл 《母語》

4. хүн _____ 《人口》

5. өндөр _____   《高さ》

6. _____ бага   《大きさ》

7. ажил _____   《仕事など》

8. малгай _____   《帽子など》

9. _____ тодорхой   《非常に明白な》

10. _____ хүйтэн   《非常に寒い》

| ам, нам, тов, мажил, чанар, эх, их, хүв, залгай, эрүүл |

2．［クロスワードパズル］
　次の単語をモンゴル語で横書きにし、その結果縦のラインに完成する語をモンゴル語で答え、日本語で訳しなさい。

1. 夏
2. 虹
3. 風
4. 春
5. 秋
6. 冬

答 _____（　　　　　　　）

B. 応用編

1. ［適語補充］
1.1 次のテキストを読んで、下線部に最も適する補助動詞を含む動詞述語複合形式をかっこの中から一つ選び、文を正しく完成させなさい。

   Баяр өрөөнийхөө ханaнд наасан зургаа _____ав. Гэтэл дүү нь өөр нэг зураг барьж ирээд үүнийг _____өөч гэлээ. Баяр түүнийг нь наах гэж байгаад урчихав. Үүнийг харсан дүү нь чанга дуугаар _____чээ. Гэтэл цаад өрөөнөөс аав нь "Та хоёр бас _____в оо?" гэж зандарчээ. Баяр болгоомжгүйдээ _____в. Энэ үед өрөөнд нь орж ирсэн эгч нь урагдсан зургийг эвлүүлэн _____эв. Ингээд зураг бүтэн болсон ч дүү нь урагдсан зураг наахгүй гээд өөр зураг _____жээ.

   ┌───┐
   │ яаж орхи-, хайж эхэл-, хуулж ав-, уйлж гар-, │
   │   наагаад өг-, нааж үз-, гэмшиж суу-   │
   └───┘

1.2 次のテキストを読んで、下線部に最も適する連語をかっこの中から一つ選び、文を正しく完成させなさい。
   ただし、正書法の規則によって一部、語形を変化させるものもあります。

   Энэ дэлхийд төрсөн хүн бүхэн _____тай, _____тэй явж, сурч боловсрох бүрэн эрхтэй. Гэвч зарим газар оронд _____ийн _____аас

— 107 —

болж _____ий _____ зөрчигдөх явдал их байна. Мөн эдийн засгийн хямралаас болж _____гийн ялгаа ихтэй улс орон ч байна. Ингээд үзэхэд _____ үнэхээр тэгш эрхтэй юм уу, үгүй юү?

ард түмэн, хүн төрөлхтөн, улс төр, баян ядуу, аз жаргал, эрх ашиг, эрх чөлөө, үзэл суртал

---

2. ［和文モ訳］
2.1 次の日本語を特に補助動詞に注意しながらモンゴル語に訳しなさい。

1. 君は今、私の電話番号を書き取って下さい。
　　（→ 補助動詞 ав- を用いて）

2. あなたは私たちの写真を撮ってくれませんか。
　　（→ 補助動詞 өг- を用いて）

3. 私の家族のうち誰も外国へ行ったことがありません。
　　（→ 補助動詞 үз- を用いて）

4. 私は今日、家から自分の辞書を持ってくるのを忘れてしまったのです。
　　（→ 補助動詞 орхи- を用いて）

5. 母は毎日、息子の戻ってくるのをずっと待っているよ。
　　（→ 補助動詞 суу- を用いて）

6. 一人で留守番をしていた子供は、母親を見るとすぐに急に大声で泣き出したのです。
　　（→ 補助動詞 гар- を用いて）
　　留守番をする　гэрээ сахих　　　大声で　чанга дуугаар

7. 私は二ヶ月前から一つ論文を書き始めて、昨日やっと終えました。
　　（→ 補助動詞 эхлэ- を用いて）
　　やっと　арай гэж

2.2 次の日本語を特に連語に注意しながらモンゴル語に訳しなさい。

1. あなたは兄弟が何人ですか。
　　（合わせて）何人　хэдүүлээ

2. ここ数年、彼から何の消息もありません。
　　ここ数年　сүүлийн хэдэн жил

3. 子供を風呂に入れる前に、水の温度をしっかり調整しなければならないよ。
　　風呂に入れる　усанд оруулах

4. 最近は仕事が多いので、映画など見る暇もないほどです。

5. あなたたち二人は何て全くそっくりな子供たちなの。
　まさか双子じゃないんでしょ？
　　まさか～でない　арай～биш

競馬に参加する子供たち

第15課　モンゴル語の主な文末助詞
(өгүүлбэр төгсгөх сул үг)、所属名詞 -х, -хан⁴、
程度を弱める接尾辞 -втар⁴, -дуу²

A. 基礎編

1.［適語補充］
1.1 次の下線部に最も適すると思われる文末助詞を入れて文を完成させなさい。ただし、答えはあらかじめペアであげてあるので、その中から選びなさい。（各2回）

1. Түрүүчийн мягмар гаригт явуулсан миний
   илгээмжийг манайхан авсан болов уу ＿＿＿＿＿?
   — Өдийд лав авсан ＿＿＿＿＿.

2. Номыг чинь энд тавилаа ＿＿＿＿＿.
   Өнөөдөр чи үүнийг авч явна гэсэн ＿＿＿＿＿.

3. Чи өчигдөр "Маргааш эрт босно" гэсэн ＿＿＿＿＿.
   Тэгсэн мөртлөө хамгийн сүүлд босох ＿＿＿＿＿.

4. Яваад хэрэггүй ээ. Эмээ надтай утсаар ярихдаа
   ганцаараа наашаа ирж чадна гэсэн ＿＿＿＿＿.
   — Хичнээн тэгж хэлсэн байсан ч би очиж дагуулж
   ирье ＿＿＿＿＿.

5. Чи энэ пальтогоо энэ өвөл ч өмсөнө ＿＿＿＿＿.
   Тэгэхээр эртхэн хими цэвэрлэгээнд өгч цэвэрлүүлсэн нь
   дээр ＿＿＿＿＿.

6. *Мочи* хийх будаагаа их хэмжээтэй агшаасан ＿＿＿＿＿.
   — Ашгүй дээ. Лав олон айлын хүүхэд ирэх ＿＿＿＿＿.

7. Та ч бас өнөөдөр надаар үсээ тайруулна _____.
 — Тийм ээ. Бас будуулна _____!

8. Ээж чинь ирэх шинж алга. Бид ч явья _____.
 — Жаахан хүлээгээч. Удахгүй ирэх _____.

9. Баяр хүргэе. Өнөөдөр төрсөн өдөр чинь _____.
 — Баярлалаа. Гэвч чи л хамгийн сүүлд баяр хүргэж байх _____.

10. Энэ бүх цэцгийг ээж биш, би тарьсан _____.
 — Тийм үү? Ямар гоё юм бэ. Би ч бас гэртээ цэцэг тарья _____.

> • биз дээ — шүү
> • шүү — байхаа
> • даа — байлгүй дээ
> • байхаа — шив дээ
> • байхгүй юү — байз

1.2 次の下線部に最も適する語を入れて文を完成させなさい。(各1回)

1. Энэ компьютер _____ вэ? Чинийх үү?
 — Үгүй. _____ биш, миний найзынх.

2. Танайхан хэзээ наашаа ирэх гэж байна?
 — _____ зун л наашаа ирэх болов уу даа.

3. _____ Осакагийн чухам хаана нь байдаг вэ?

— Манайх Осакагийн Миноо хотод байдаг.

4. Та хэзээ _____ очих гэж байна?
 — Харин ээ. Ямар ч байсан буцахаасаа өмнө очноо.

5. Тароо, чи машины талаар сайн мэддэг шүү дээ. Энэ _____ ямар машин бэ?

6. Чи _____ бодвол энэ удаагийн шалгалтанд маш өндөр оноо авсан шүү.

> минийх, танайх, манайхан, манайхаар, түрүүчийнхийг, хэнийх, хаанахын

2.［クロスワードパズル］
　次の単語をモンゴル語で横書きにし、その結果縦のラインに完成する語をモンゴル語で答え、日本語で訳しなさい。

1. 繰り返し
2. カーテン
3. 舞台
4. 音楽
5. メロディー
6. 太鼓
7. ホーミー
8. ラッパ

答 _____　(　　　　　　　　)

B. 応用編

1.［適語補充］
1.1 次のテキストを読んで、下線部に最も適する文末助詞をかっこの中から一つ選んで、文を完成させなさい。

Улс орон болгон өөр өөр ёс заншилтай байдаг _____. Жишээлбэл Монголд хүн найтаалгах юм бол хажуудахь хүн нь "Бурхан өршөө" гэж хэлдгийг та лав сонссон _____. Гэтэл Японд ийм заншил алга _____. Харин ч япон найзын маань ярьснаар бол хүн хэрвээ нэг удаа найтаалгах юм бол "Хүн таныг магтаж байна" гэдэг гэнэ. Хоёр удаа найтаалгах юм бол "Хүн таныг муулж байна" гэдэг гэнэ. Гурван удаа найтаалгах юм бол "Хүн танд дурлаж байна" гэдэг гэнэ. Дөрвөн удаа найтаалгах юм бол "Та ханиад хүрсэн байна" гэдэг гэнэ _____. Үүнийг сонссон хэн ч "гарцаагүй үнэн" гэхгүй _____. Миний бодлоор бол энэ "мухар сүсэг" _____.

| байхаа, байлгүй дээ, биз дээ, даа, шүү, шүү дээ |

1.2 次の表は、モンゴル人の私と、日本人の太郎のそれぞれの国の生活を比較したものです。下線部に最も適する単語をかっこの中から一つ選んで、以下の質問に対する答えを完成させなさい。

	私	太郎
家	郊外	市の中心
家族の人数	8人	4人
学校までの距離	14km	6 km
学校までのバス運賃	300トグルグ	200円

1. Манайх хаана байдаг вэ?
   — _____ хотын _____ байдаг.

2.Тароогийнх ам бүл хэдүүлээ вэ?
   — _____ ам бүл _____.

3. Манайхаас сургууль хүртэл хэдэн километр зайтай вэ?
   — _____ километр зайтай.

4. Тароогийн гэрээс сургууль хүртэл автобусаар явахад ямар үнэтэй вэ?
   — _____ иен.

> танайх, танайхан, тэднийх, тэднийхэн,
> төвд, захад, дөрвүүлээ, наймуулаа,
> зургаан, арван дөрвөн, хоёр зуун, гурван зуун

2.［和文モ訳］
2.1 次の日本語を特に文末助詞に注意しながらモンゴル語に訳しなさい。

1. あの歌手は本当に才能のある人ですね。

2. 君は風邪を引いているので、今日家から出てはいけないよ。

3. あなたは日本語が上手に話せるのでしょ？

4. この会議に研究者たちだけでなく、学生たちも参加してもいいでしょう。
　　～だけでなく　-аар⁴ барахгүй　　　～してもいい　-ж болох

5. 私には他に特に変わったことはなさそうですね。

6. ドルジは昨日きっと田舎へ行ったはずだよ。

7. この馬の絵を私は中学校の時、自分で描いたのですよ。

2.2 次の日本語を特に所属名詞 -х, -хан⁴ に注意しながらモンゴル語に訳しなさい。

1. この辞書は誰のですか。

— 誰のであるのかよくわかりません。

2. おたくは何人家族ですか。
　　— うちは6人です。

3. この日曜日、あなたはお暇ならうちに来て下さい。
　　— 何時頃に行けばよろしいですか。
　　　〜頃に　-ын² үед

4. うちのクラスメートはみんな互いに助け合います。
　　　互いに　бие биедээ

5. 3ヶ月前よりもあなたはモンゴル語がかなり上手になりましたよ。
　　　〜よりも　-ыг² бодвол

— 118 —

第16課 序数詞（дэс тоо）、集合数詞（хам тоо）、概数詞（тойм тоо）、モンゴル語の色彩語彙（өнгө）

A. 基礎編

1. ［適語補充］
1.1 次のかっこの中の数詞を適する形にしなさい。

1. Мянга есөн зуун (жар) _____ оноос одоог хүртэл "Бийтлз" хамтлагийн дуунууд залуучуудын сонсох дуртай дуунуудын нэг хэвээрээ байна.

2. Японд жил бүр (нэг) _____ сарын арванд насанд хүрэгчдийн баярыг тэмдэглэдэг.

3. Тус хоёр орны ерөнхийлөгч хэддэх удаагаа уулзаж байгаа юм бэ?
— (Хоёр) _____ удаагаа.

4. Та нар хэдүүлээ хөдөө явах вэ?
— (Ес) _____.

5. Монголд хэддүгээр сард хүүхдийн баяр тэмдэглэдгийг мэдэх үү?
— Мэднэ. (Зургаа) _____ сарын нэгэнд шүү дээ.

6. Та нар наашаа (олон) _____ ирэв үү?

7. Өчигдөр хэддэх өдөр байсан билээ?
— (Гурав) _____ өдөр.

8. Энэ ажлыг хийж дуусгахад багаар бодоход (арав) _____ хоног хэрэгтэй байх гэж бодож байна.

9. Чи номын сангийн хэддүгээр давхарт ажилладаг юм бэ?
 — (Тав) _____ давхарт.

1.2 次の下線部に適する色彩語彙を入れなさい。

a.
1. _____ тос 《バター》

2. _____ лооль 《トマト》

3. _____ сар 《旧正月》

4. _____ түрүү 《あぶ》

5. _____ санаатай 《悪意のある》

6. _____ хоолой 《食道》

7. _____ идээ 《乳製品》

8. далайн _____ салхи 《台風》

9. _____ шувуу 《ふくろう》

10. _____ бух 《しじゅうから》

> цагаан, хар, улаан, хөх, шар
> (各2回ずつ使うこと)

b.
1. _____ шувуу 《すずめ》

2. _____ дэлгэц 《テレビ》

3. _____ цай 《緑茶》

4. үнсэн _____ 《灰色の》

5. хэт _____ туяа 《紫外線》

> саарал, бор, ягаан, цэнхэр, ногоон

2. [クロスワードパズル]

次の単語をモンゴル語で横書きにし、その結果縦のラインに完成する語をモンゴル語で答え、日本語で訳しなさい。

1. 蒸し肉まん
2. 客
3. プレゼント
4. 白い
5. 儀式
6. 儀式用の絹布

答 _____ (　　　　　　　　)

B. 応用編

1. ［適語補充］
1.1 次のテキストを読んで、下線部に最も適する序数詞、集合数詞、概数詞等をかっこの中から一つ選んで、文を完成させなさい。

　Өнгөрсөн ＿＿＿＿＿＿ өдөр би найзуудтайгаа маргааш амралтын өдөр гэсэн шалтгаанаар оройжингоо сагсан бөмбөг тоглов. Тоглож байхдаа бидний ам их цангав. Бид ＿＿＿＿＿＿ байсан болохоор авчирсан уух юм маань дороо дуусчихлаа. Тэгээд уух юм авчрахаар Баяр явах болж, гарах гэснээ намайг дуудаж "＿＿＿＿＿＿ яваад ирьё" гэлээ. Бид хоёр явах замдаа олон юм ярилцав. Баяр ирэх ＿＿＿＿＿＿ сарын эхээр цэрэгт явах болсноо надад гэнэт хэлэв. Найз маань ＿＿＿＿＿＿ хүүхэдтэй айлын отгон нь учир их эрх өссөн бөгөөд бие нь сул гэж сонсч байсан учраас их л гайхав. Түүнээс юу болсон тухай асуувал түүнд зарлан дуудах хуудас ＿＿＿＿＿＿ удаагаа ирсэн болохоор яах ч арга байсангүй гэлээ. Буцаж очоод, би Баярын тухай найзууддаа хэлбэл тэд ч бас гайхан дуугүй болцгоов. Гэтэл Баатар ам нээж, "Дажгүй ээ. Ямар мянга есөн зуун хорь, ＿＿＿＿＿＿ оны цэрэг биш дээ. Орчин үеийн цэрэг юм чинь" гээд инээв. Энэ үг миний санааг ч бас амраав.

> хоёулаа, гуравдахь, тавдахь, арваад,
> арван нэгдүгээр, гучаад, олуулаа

1.2 次のテキストを読んで、図を見ながら下の質問に答えなさい。

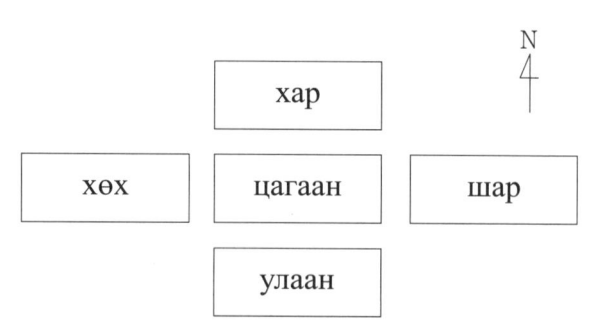

```
              хар
   хөх     цагаан     шар
             улаан
```
N ↑

Хүн бүхэн өөр өөр өнгөнд дуртай байдаг. Жишээ нь: Манай ангийн Болд цагаан өнгөнд, Баатар хар өнгөнд, Цэцгээ улаан өнгөнд, Чимгээ хөх өнгөнд, Оюун шар өнгөнд дуртай. Би бол ногоон өнгөнд дуртай.

Хэрвээ манай ангийнхныг дуртай өнгийнх нь сандал дээр суулгавал:

1. Голд нь хэн суух вэ?

　————

2. Баруун талд нь хэн суух вэ?

　————

3. Урд нь хэн суух вэ?

　————

4. Зүүн талд нь хэн суух вэ?

　————

5. Хойно нь хэн суух вэ?

　————

2.［和文モ訳］
2.1 次の日本語を特に序数詞 -дугаар², -дахь (-дэх)、集合数詞 -уулаа²、概数詞 -аад⁴ に注意しながらモンゴル語に訳しなさい。

1. モンゴルでは、毎年7月11日から13日の間ナーダムが行われます。
　　〜の間　-ын² хооронд

2. 13世紀にモンゴル国は世界の半分を占めていました。
　　〜世紀　-дугаар² зуун

3. 先週の木曜日は何日でしたっけ。

4. モンゴルの首相が日本を訪問しているのは5度目です。
　　訪問する　айлчлах

5. あなたは兄弟が何人ですか。— 私は兄弟が7人です。

6. 私たちは10人で明日から教育実習をするために田舎へ行きます。
　　教育実習　багшлах дадлага

7. うちの大学には、150人ぐらいの教師と3000人ぐらいの学生がいます。

8. モンゴル国は、1990年代の初めに社会主義社会から民主主義社

会へ移行しました。
 社会主義社会 социалист нийгэм
 民主主義社会 ардчилсан нийгэм

2.2 次の日本語を特に色彩語彙に注意しながらモンゴル語に訳しなさい。

1. モンゴル人たちは古来、乳製品が好きです。
 古来 эртнээс нааш

2. モンゴルではゾド（冬の雪害）、日本では台風など自然災害が毎年起こっています。
 自然災害 байгалийн гамшиг

3. 赤十字社のおかげで、毎日世界の非常に多くの人の命が救われています。
 赤十字社 улаан загалмайн нийгэмлэг
 命が救われる амь аврагдах

4. 赤ん坊のお尻に蒙古斑があるのは、モンゴル人と日本人の共通特徴です。
 蒙古斑 хөх толбо 共通特徴 нийтлэг онцлог

5. 青信号で道を横切ってください。
 横切る хөндлөн гарах

6. 日本では、ふくろうを「幸せを呼ぶ鳥」と言って縁起が良いと見なします。

　　　ふくろう　шар шувуу　　　縁起が良いと見なす　бэлэгшээх

モンゴルの小学校の風景

第17課
反問・自問の意を表示する疑問助詞（асуух сул үг）、
意味の強勢（утгын өргөлт）による長母音化

A. 基礎編

1. ［適語補充］
1.1 次の下線部に適する反問・自問の意を表示する疑問助詞を入れなさい。（各2回）

1. Хэрвээ тэд нар миний оронд байсан бол яах байсан _____?

2. Багш үүнийг ч бас гэрийн даалгаварт өгсөн _____?

3. Маргааш тэнгэр цэлмэг байх _____?

4. Эрэгтэй дүү чинь энэ жил их сургуулийн хэддүгээр курс _____?

5. Танай бага хүү өмгөөлөгч _____?

6. За байз, би нөгөө толь бичгээ цүнхэндээ хийсэн билүү, яасан _____?

7. Өнөөдрийн шуудангаар явуулбал наана чинь он гарахаас өмнө амжиж хүрэх _____?
Яах _____?

билээ, билүү, бол, болов уу

— 128 —

1.2 次の下線部に適する語を入れて文を完成させなさい。

1. _____ _____ уулын орой дээр байгаа сүмийн оройг харж байна уу?

   ずっと向こうのあの山の頂上にあるお寺の屋根が見えますか。

2. Яг өдийд бага сургуулийн сурагч _____ зуныхаа амралтын даалгаврыг хийж дуусгах гээд, _____ зав муутай байдаг юм.

   ちょうど今頃、小学校の生徒はみんな夏休みの宿題をし終えようとして、全く暇がないのです。

3. _____ жилийн _____ өвөл хэзээ ч мартагдашгүй сайхан үйл явдал бидэнд тохиолдсон билээ.

   ずっと前のその年のその冬、決して忘れられないすばらしい出来事が私たちに起こったのですよ。

бүр，бүүр（各1回）
тэр，тээр（各2回）

2. ［クロスワードパズル］
　次の単語をモンゴル語で横書きにし、その結果縦のラインに完成する語をモンゴル語で答え、日本語で訳しなさい。

1. 飛行機
2. 切符
3. 宇宙
4. 空気、大気
5. 輸送
6. 税関
7. 荷物

　　答 ＿＿＿＿＿＿＿＿＿＿＿　（　　　　　　　　　）

B. 応用編

1.［適語補充］
1.1 次の会話を読んで、下線部に最も適する反問・自問の意を表示する疑問助詞をかっこの中から選んで、文を完成させなさい。（各2回）

Дүү: Эгч ээ, энэ гутал ээжид маань таарах _____, яах _____? Та үз дээ.
Эгч: Ээж хэдэн размер өмсдөг _____?
Дүү: Харин ээ.
Эгч: Чи размерийг нь тэмдэглэж аваагүй _____?
Дүү: Авсан. Харин би түүнийг хаана хийсэн _____?
Эгч: Чи цүнхэндээ хийгээгүй _____?
Дүү: Миний цүнхэнд алга аа. Би хаячихсан юм _____, яасан юм _____?
Эгч: Баймаар л юм даа.

> билээ, билүү, бол, болов уу

1.2 次のテキストを読んで、下線部に最も適する語をかっこの中から一つだけ選んで、文を完成させなさい。

1. Хөдөөний малчин айл _____ _____ хүйтрэхээс өмнө өвөлжөөндөө буудаг юм. _____ _____ уулын цаана манай аавын өвөлжөө бий.

> бүр, бүүр, тэр, тээр

2. _____ айл _____ жил зуданд олон малаа үхүүлсэн юм. Гэвч дараа жил нь тэдний эм мал _____ төллөж, _____ олон малтай болсон доо.

> бүр, бүүр, тэр, тээр

2.1 [和文モ訳]

次の日本語を特に反問・自問の意を表示する疑問助詞に注意しながらモンゴル語に訳しなさい。

1. モンゴルで軍人の日をいつ祝うのでしたっけ。
   ― 3月18日ですよ。
   軍人の日　цэргийн баяр

2. あなたと私は以前、日本モンゴル学者春季大会でお会いしましたっけ。
   日本モンゴル学者大会　японы монголч эрдэмтдийн их хурал

3. うちの先生は今日授業に来ないでどうしたのかな。

4. 今タクシーで行けば、映画が始まる前に着くことができるだろうか。
   〜することができる、間に合って〜する　-ж амжих

2.2 ［モ文和訳］

　次のモンゴル語を、特に下線部の意味のニュアンスの違いに注意しながら日本語に訳しなさい。

a. 指示代名詞 тэр / тээр の場合
1. <u>Тэр</u> жил Япон улс далайн хар салхинаас болж их хэмжээний хохирол амссан билээ.

2. <u>Тээр</u> жил Япон улс далайн хар салхинаас болж их хэмжээний хохирол амссан билээ.

b. 副詞 бүр / бүүр の場合
1. Бид нар хийж байгаа ажилдаа улайраад <u>бүр</u> шөнө болчихсоныг ер анзаарсангүй.

2. Бид нар хийж байгаа ажилдаа улайраад <u>бүүр</u> шөнө болчихсоныг ер анзаарсангүй.

第18課
名詞類（名詞・形容詞）から名詞類を派生する接尾辞
（нэрээс нэр үг бүтээх дагавар）、
動詞類から名詞類（名詞・形容詞）を派生する接尾辞
（үйлээс нэр үг бүтээх дагавар）

A. 基礎編

1. ［適語補充］
1.1 次の下線部に名詞類から名詞類を派生する接尾辞を入れて文を完成させなさい。（各1回）

1. Манай ангид Бат хамгийн хүч_____.

2. Тэмээ_____ юуны төрөлд багтдаг вэ?

3. Морийг муу_____ зурдаг хүүхэд Монголд харьцангуй цөөхөн.

4. Онгоцоор явснаас хурда_____ галт тэргээр явсан нь дээр гэж бодож байна.

5. Японы монголч эрдэм_____ манай сургуулийн оюутнуудад лекц уншсан.

6. Уучлаарай, яг одоо би маш зав_____ байна.

7. Манай ажлын газраас ойрхон үс_____ бий шүү.

8. Онгоцны үйлчлэгч эмэгтэй зорчигчдод чихэ_____ тарааж өгөв.

9. Монгол улс баруун талаараа уула_____ бөгөөд

говь хангай хосолсон үзэсгэлэнт газруудтай.

10. Эмэ_____ хүний гутлын тасаг хэдэн давхарт байдаг вэ?

11. Би Киотогоос кимонотой хүүхэ_____ худалдаж авав.

12. Хэрвээ чихэр_____ юм идвэл дараа нь заавал шүдээ угааж бай.

13. Ажиг_____ хүн л үүний ялгааг олж чадна даа.

14. Сүүлийн үед хува_____ эдлэлийг хүний эрүүл мэндэд муу гэж шүүмжлэх хүн ч бас байна.

15. Энэ гутал арай л жижиг_____ юм. Том размер байна уу?

16. Танай ангид байгаа дэлхийн бөмбөр_____ яасан том юм бэ.

-чин, -тэн, -цөг, -вч, -гтэй, -лзгэнэ, -лдэй, -тэй, -гүй, -саг, -нцар, -хай, -хэн, -н, -ч, -рхаг, -лэг

1.2 次の下線部に動詞類から名詞類を派生する接尾辞を入れて文を完成させなさい。(各1回)

1. Таны судалгааны дүгнэ_____ юу вэ?

2. Энэ бичвэрийн зур_____ татсан хэсгийг л орчуул.

3. Эмч түүнд хий_____ шүд хийлгэсэн нь дээр гэж зөвлөжээ.

4. Юуг таван мэдрэ_____ гэдэг юм бэ?

5. Дэлхийн долоон гайха_____т юу юу ордгийг мэдэх үү?

6. Чиний хайгаад байсан түлх_____ энд байна.

7. Бат гуайн эхнэр нь их зочло_____ зантай хүн шүү.

8. Хоол идэхдээ сайн зажлахгүйгээс болж дорс_____ шүдтэй болох уу?

9. Цагдаа нар өдөр шөнөгүй л эрг_____ хийдэг бололтой.

10. Өнчин хүүхдүүд өрөвдө_____ нүдээр биднийг харж байлаа.

```
-хүй, -үүл, -аас, -үүр, -лт,
-мшиг, -мэл, -гор, -м, -мтгой
```

2. ［クロスワードパズル］

次の単語の<u>反義語</u>をモンゴル語で横書きにし、その結果縦のラインに完成する語をモンゴル語で答え、日本語で訳しなさい。

1. урт
2. газар
3. хүү
4. намхан
5. хатуу
6. муу
7. гарах

答 _____ (　　　　　　　)

B. 応用編

1. ［適語補充］
1.1 次の説明文の表す意味を、名詞類から名詞類を派生する接尾辞を用いて一語で答えなさい。ただし、あくまでも下線を引いた語を語幹として変化させなさい。

1. <u>мал</u> маллаж амьдардаг хүн　　　　… _____

2. <u>мэргэжил</u> эзэмшсэн хүн　　　　　… _____

3. <u>цэвэр</u> байх дуртай　　　　　　　　… _____

4. юм оёход <u>хуруунд</u> углах зүйл　　　… _____

5. хүний их <u>их</u> зантай байдал　　　　… _____

6. <u>ажил</u> хийхдээ сайн　　　　　　　　… _____

7. <u>нус</u> нь их гоождог　　　　　　　　… _____

8. ердөө <u>ганц</u>　　　　　　　　　　　… _____

9. <u>уул</u> ихтэй　　　　　　　　　　　　… _____

10. <u>тос</u> ихтэй　　　　　　　　　　　　… _____

1.2 次の説明文の表す意味を、動詞類から名詞類を派生する接尾辞を用いて一語で答えなさい。ただし、あくまでも下線を引いた語を語幹として変化させなさい。

1. хүн, амьтны идэжууж <u>цад</u>сан байдал … _____

2. <u>сург</u>аж заасан үг … _____

3. <u>хөрг</u>өх төхөөрөмж … _____

4. цоорсон хэсгийг битүүлж <u>нөхөж</u> оёсон зүйл … _____

5. хүүхэд <u>гулс</u>аж тоглоход зориулсан зүйл … _____

6. хүн <u>ури</u>хад явуулдаг бичиг … _____

7. бие сэтгэлийн <u>зовох</u> байдал … _____

8. <u>дууриалган</u> хийсэн зүйл … _____

9. юмны үзүүр <u>шовойсон</u> байдал … _____

10. аливаа юмыг их <u>март</u>даг … _____

2. ［適語補充］
2.1 次は名詞類から名詞類を派生する接尾辞に関する問題です。左右の関係が接尾辞の表示する意味の点でほぼ等しくなるように、下線部に正しい語を入れなさい。

1. эм : эмч = жүжиг : _____

2. үс : үсчин = худал : _____

3. гэрээ : гэрээс = дайн : _____

4. муу : муухай = онц : _____

5. бөөр : бөөрөнцөг = бөмбөр : _____

6. найм : наймалж = тэмээ : _____

7. амт : амттай = баян : _____

8. хүүхэн : хүүхэлдэй = жижиг : _____

9. цай : цайсаг = хөнгөн : _____

10. нарийн : нарийвтар = ган : _____

11. ёс : ёсорхуу = дээр : _____

12. доош : доор = хойш : _____

13. амьтан : амьтад = хүн : _____

14. дөрөв : дөрөвдүгээр = долоо : _____

15. ес : есүүлээ = хоёр : _____

2.2 次は動詞類から名詞類を派生する接尾辞に関する問題です。左右の関係が接尾辞の表示する意味の点でほぼ等しくなるように、下線部に正しい語を入れなさい。

1. дава- : даваа = тэмцэ- : _____

2. сур- : сурагч = зура- : _____

3. бичи- : бичээч = тагна- : _____

4. тайл- : тайлбар = хөдөл- : _____

5. шуур- : шуурга = эмчлэ- : _____

6. бамбай- : бамбагар = хэлтий- : _____

7. шээ- : шээс = ханиа- : _____

8. ява- : явц = ол- : _____

9. сана- : санал = амжи- : _____

10. марта- : мартамхай = зочло- : _____

11. бай- : байр = суу- : _____

12. хала- : халуун = тэнцэ- : _____

13. хада- : хадуур = арчи- : _____

14. өлгө- : өлгүүр = бари- : _____

15. зово- : зовуурь = торго- : _____

第19課
名詞類（名詞・形容詞）から動詞類を派生する接尾辞
(нэрээс үйл үг бүтээх дагавар)、
不変化詞類から動詞類を派生する接尾辞
(сул үгээс үйл үг бүтээх дагавар)

A. 基礎編

1.［適語補充］
1.1 次の下線部に名詞類から動詞類を派生する接尾辞を入れて文を完成させなさい。（各1回）

1. Өвчтөний бие овоо сай＿＿＿＿＿чээ.

2. Та нарыг халуу＿＿＿＿＿ж байвал би сэрүүцүүлэгч залгая.

3. Монголын зохиолчдоос Ч. Лодойдамба "Тунгалаг Тамир" романаараа олонд алдар＿＿＿＿＿в.

4. Ахын цамц болохоор надад арай л том＿＿＿＿＿ж байна.

5. Энэ жил ч бас Хоккайдод цас нэлээн орж, хүйт＿＿＿＿＿в.

6. Үс хаг＿＿＿＿＿х гэж чухам яахыг хэлж байна вэ?

7. Гар бөмбөгийн тэмцээнд хожсон багийн сурагчдыг багш нар нь сай＿＿＿＿＿н магтжээ.

8. Манай ах унтахаасаа өмнө заавал өрөөгөө цэвэр＿＿＿＿＿дэг заншилтай.

9. Ямар улирал болохоор өдөр богино_____дог вэ?

10. Байгалийн түүхийн музейд очвол үлэг гүрвэлийн чулуу_____сан өндөг үзэж чадна шүү.

11. Бид зунжингаа цагаан идээ идсээр байгаад мах_____ж орхижээ.

12. Төрсөн нутгаараа баха_____х хүний тоо сүүлийн үед эрс нэмэгджээ.

13. Бат салхинд хий_____сэн малгайгаа авахаар буцаж гүйв.

14. Саяхнаас Монголд гадаадад гарч ажиллах сонирхолтой хүн ол_____х хандлагатай байна гэж үнэн үү?

15. Танай компани яаж ажлаа хөнгө_____ж чадсан тухайгаа бидэнд ярьж өгнө үү.

-до-, -ж-, -жир-, -лэ-, -рэ-, -рха-, -с-, -с-, -са-, -та-, -ца-, -вчил-, -ши-, -шро-, -шаа-

1.2 次の下線部に不変化詞類から動詞類を派生する接尾辞を入れて文を完成させなさい。(各1回)

1. Тэр толгойгоо дэрэн дээр тавингуутаа шууд хур_____н унтав.

— 143 —

2. Эх нь хургаа нүдээрээ хайн май_____в.

3. Болд даргынхаа өрөөний хаалгыг тог_____н зогсож харагдав.

4. Бидний толгой дээгүүр олон зөгий дүн_____н нисч өнгөрөв.

5. Эмээ дүүг аяга хага_____лаа гэж загнав.

6. Олны өмнө хэх_____х нь ёс алдсан хэрэг.

7. Батыг суумагц сандал нь хях_____н дуугарав.

8. Ширээн дээрээс унасан таваг тар няр хийн хага_____в.

9. Өвөө маань ядарсан шинжтэй аа_____н зогсов.

10. Сүрэг бор шувуу жир_____н нисч ирэв.

11. Арслан барьсан амьтныхаа махыг тас_____н идэх нь аймаар.

12. Шаазгай малын хашаан дээр суун шаг шаг шаг_____ч байв.

13. Лекц уншихаар уригдаж ирсэн хүндэт профессор багшийг оюутнууд ни_____тэл алга ташин угтав.

— 144 —

-л-, -ра-, -чи-, -гэ-, -ла-, -хила-, -на-, -гэнэ-, -жигнэ-, -рэ-, -хира-, -ши-, -шир-

ゴビのラクダ群

2. ［クロスワードパズル］

次の単語に適する形状語を下のかっこの中から一つ選んでモンゴル語で横書きにし、その結果縦のラインに完成する語をモンゴル語で答え、日本語で訳しなさい。

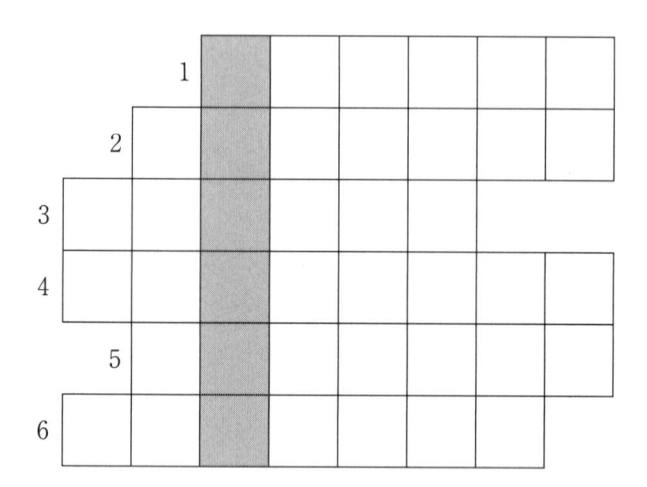

1. あごのしゃくれた
2. 細長い
3. 毛むくじゃらの
4. 木のうっそうと茂った
5. 歯の突き出た
6. 痩せこけた

саглагар, бавгар, чөрдгөр, гонзгой, дорсгор, шаамий

答 ＿＿＿＿＿＿＿＿＿＿ （　　　　　　　）

B. 応用編

1.［適語補充］
1.1 次の説明文の表す意味を、名詞類から動詞類を派生する接尾辞を用いて一語で答えなさい。ただし、下線を引いた語を語幹として変化させ、しかも動詞の連体語尾 -x の形で答えなさい。

1. <u>хөрөөгөөр</u> огтлох　　　　　…　_____

2. <u>тоог</u> дэс дараагаар нь хэлэх　…　_____

3. <u>чулуу</u> шиг хатуу болох　　　…　_____

4. юмны үнэ <u>хямд</u> болох　　　…　_____

5. сэтгэл санаа <u>тайван</u> болох　…　_____

6. хэтэрхий <u>бага</u> болох　　　　…　_____

7. <u>дургүй</u> хүрэх　　　　　　　…　_____

8. <u>мөс</u> тогтох　　　　　　　　…　_____

9. <u>атаа</u> хөдлөх　　　　　　　…　_____

10. <u>өөр</u> болгох　　　　　　　　…　_____

1.2 次のテキストを読んで、下線部にオノマトペから派生した動詞類をかっこの中から一つ選んで、文を正しく完成させなさい。

　Урд шөнө алсад тэнгэр ＿＿＿＿＿н дуугарч, бороо ＿＿＿＿＿н орох чимээг сонсч байгаад би нам унтсан байв. Болжмор ＿＿＿＿＿х дуугаар сэрж, гэрээс гарвал тугал ＿＿＿＿＿н, ишиг хурга ＿＿＿＿＿лдан бэлчээрт гарч харагдав. Тэгтэл дүү ＿＿＿＿＿н гүйж ирснээ, "Та сайхан амарч чадав уу? Шөнөжингөө ＿＿＿＿＿ад л байсан" гэв. Намайг "Сайхан амарсан" гэхэд тэр ямар нэгэн юм ＿＿＿＿＿н хэлсэн нь надад сонсогдсонгүй. Харин ч ойрхон байдаг булгийн ус ＿＿＿＿＿н урсах нь тод сонсдож байлаа.

> жиргэ-, шааги-, майла-, аахила-, шивнэ-, хоржигно-, нижигнэ-, мөөрө-, хурхира-

2. ［適語補充］
2.1 次は名詞類から動詞類を派生する接尾辞に関する問題です。左右の関係が接尾辞の表示する意味の点でほぼ等しくなるように、下線部に正しい語を入れなさい。ただし、答えは動詞の連体語尾 -x の形で答えなさい。

1. хайч : хайчлах ＝ утас : ＿＿＿＿＿

2. товч : товчлох ＝ сам : ＿＿＿＿＿

3. ажил : ажиллах ＝ ан : ＿＿＿＿＿

4. хүйтэн : хүйтрэх ＝ хар : ＿＿＿＿＿

5. ядуу : ядуурах = хир : _____

6. хөгшин : хөгшрөх = алдар : _____

7. их : ихсэх = цөл : _____

8. сайн : сайжрах = олон : _____

9. бах : бахархах = дээр : _____

10. буруу : буруушаах = чухал : _____

2.2 次にあげるものはオノマトペから派生した動詞類です。何に関してどの動詞類を用いるのかを、かっこの中から正しく選んで答えなさい。

1. үхэр   … _____

2. хонь, ямаа   … _____

3. арслан   … _____

4. болжмор   … _____

5. хэрээ   … _____

6. зөгий   … _____

7. мэлхий   … _____

8. горхины ус   … _____

9. ширүүн бороо ... _____

10. жижиг хонх ... _____

11. тэрэгний дугуй ... _____

12. зүрх ... _____

13. унтаж байгаа хүн ... _____

14. амьсгаадаж байгаа хүн ... _____

15. буцалж байгаа ус ... _____

| шаагих, жиргэх, майлах, гуаглах, вааглах, аахилах, хяхнах, жингэнэх, дүнгэнэх, хоржигнох, порчигнох, мөөрөх, архирах, хурхирах, түгших |

第20課
人の性質 (мөс чанар) を示す表現、モンゴル語の慣用句 (өвөрмөц хэлц)

A. 基礎編

1.［適語補充］
1.1 次にあげるものは人の性質を示す語の説明です。下線部に相当する語を入れなさい。（各1回）

1. хүний үгнээс гаждаг　　　　　　　　… _____

2. дэмий үг ярих дуртай　　　　　　　　… _____

3. юмаа гайхуулан ярих дуртай　　　　… _____

4. хурдан хөдөлгөөнтэй　　　　　　　　… _____

5. хэнээс ч юугаа ч харамладаггүй　　… _____

6. мөнгөнд гамгүй　　　　　　　　　　　… _____

7. юманд анхаарал болгоомжгүй ханддаг
　　　　　　　　　　　　　　　　　　　　　… _____

8. өөртөө ашигтай хүнд л сайхан ханддаг
　　　　　　　　　　　　　　　　　　　　　… _____

9. юмыг маш гамтай хэрэглэдэг　　　… _____

10. ичихээ мэддэггүй　　　　　　　　　　… _____

— 151 —

> шаламгай, өглөгч, хямгач, зусарч, зөрүүд,
> нүүрэмгий, онгироо, үрэлгэн, хайнга, чалчаа

1.2 次の下線部に適する動詞を入れて慣用句を完成させなさい。(各1回)

1. Миязаки мужид гарсан шувууны халдвартханиад нэлээн газар _____ч байгаа талаар зурагтаар мэдээллээ.

   宮崎県で発生した鳥インフルエンザがかなり広まっている事に関してテレビで報道しました。

2. Манай хүүхдүүд бүгдээрээ гараас _____чихсан.

   うちの子供たちは、みんな手が離れてしまいました。

3. Ирсэн зочин маань сур _____ад болдоггүй.

   うちの来客は下痢をしてどうしようもありません。

4. Өнгөрсөн зун хөдөө явж байгаад машинаа шаварт суулгачихаад хэцүүдэж байхад огт танихгүй нэг залуу үнэхээр аминд _____ж билээ.

   去年の夏、田舎へ行っていて、車を泥にはまらせてしまって困っていた時、全く見知らぬ一人の若者が本当に役に立ったのですよ。

5. Хүү маань их сургуулиа амжилттай төгсч, бид нэг

том даваа _____аад байна.

うちの息子は大学を成功裏に卒業して、私たちは一つの大きな山を越しています。

6. Саран, Дорж хоёр угаасаа хүний ач мэддэггүй, дээр нь хорголоо _____сон амьтад гэдгийг чи мэддэггүй юм уу?

サランとドルジはそもそも人の恩を知らない、その上、けちなやつらだということを君は知らないのか。

7. Шударга гэгдэн олонд магтуулж байсан Пүрэвийн эхнэр Туяагийн зэс нь _____ж эхэллээ.

正直と言われ大衆にほめられていたプレブの妻トヤーの化けの皮がはがれ始めました。

8. Саран сайн найз Түмэнтэйгээ ам _____жээ.

サランは自分の親友トゥメンと口げんかしたのです。

9. Ах нь морь _____аад ирье. Болох уу?

僕はトイレに行ってきます。よろしいですか。

10. Цэцгээг эцэг эх хоёр нь алган дээрээ _____ж өсгөжээ.

ツェツゲーのことを彼女の両親は、ひどく甘やかして育てたのです。

— 153 —

11. Арай гэж авсан толь бичгээ гээчихснээ бодохоор гол _____ ж байна.

やっと買った辞書をなくしてしまったことを考えると悔やまれます。

12. Туяа нас тогтсон ч алтан хошуу _____ дөг муу зан нь арилсангүй.

トヤーは、物事を分別できる年齢になっても告げ口する悪い性格が消えませんでした。

> ор-, хар-, ав-, дав-, гар-, харва-, харла-, тоол-, муруй-, цухуй-, өргө-, бөмбөрүүл-

2. ［クロスワードパズル］

次にあげるものはモンゴルの有名なことわざです。下線部に適する語をモンゴル語で横書きにし、その結果縦のラインに完成する語をモンゴル語で答え、日本語で訳しなさい。

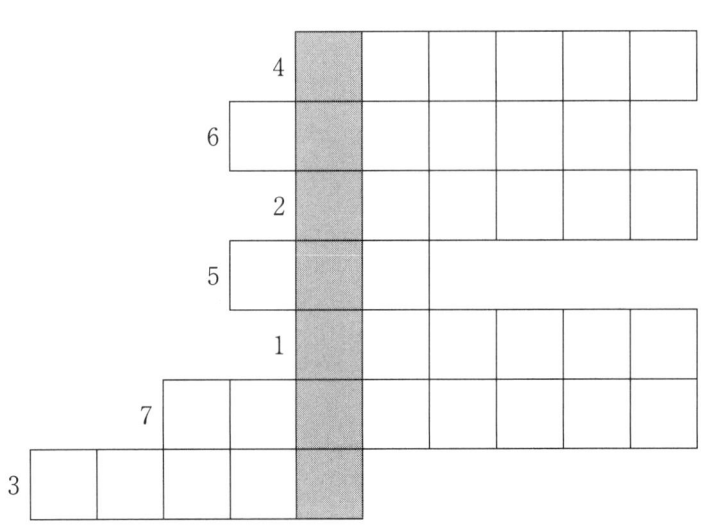

1. Бушуу _____
   Борвиндоо баастай

2. _____ мах халуун дээрээ

3. Гай газар дороос
   _____ модон дотроос

4. Санаж явбал _____
   Сажилж явбал хүрдэг

— 155 —

5. _____ босвол нэгийг үзэх
   Орой унтвал нэгийг сонсох

6. Хүн ахтай
   Дээл _____

7. Оролдвол нэгийг бүтээдэг
   _____ нэг нь түрүүлдэг

   　　答 _____　（　　　　　　　）

モンゴル語語学教材

B. 応用編

1. ［適語補充］
1.1
a. 次にあげる人の性質を表す語に対して、その<u>類義語</u>に相当する語をかっこの中から一つ選びなさい。

1. шударга   ··· _____

2. зоригтой   ··· _____

3. бялдууч   ··· _____

4. тэнэг   ··· _____

5. шунахай   ··· _____

6. ухаантай   ··· _____

7. онгироо   ··· _____

8. харамч   ··· _____

9. балиар   ··· _____

10. ихэмсэг   ··· _____

> нарийн, ховдог, мангар, үнэнч, зусарч,
> заваан, сагсуу, дээрэнгүй, толгойтой, зүрхтэй

b. 次にあげる人の性質を示す語に対して、その<u>反義語</u>に相当する語をかっこの中から一つ選びなさい。

1. бүдүүлэг　　　　…　_____

2. залхуу　　　　　…　_____

3. үнэнч　　　　　…　_____

4. зоригтой　　　　…　_____

5. зөрүүд　　　　　…　_____

6. ичимхий　　　　…　_____

7. онгироо　　　　 …　_____

8. томоотой　　　 …　_____

9. үрэлгэн　　　　 …　_____

10. нийцтэй　　　　…　_____

аймхай, даруу, зожиг, худалч, хямгач, соёлтой, дуулгавартай, сахилгагүй, нүүрэмгий, ажилсаг

1.2 次のテキストを読んで、下線部に適する慣用句をかっこの中から一つ選んで、文を正しく完成させなさい。

1. Зуд болсон тэр жил малчид _____х завгүй

ажиллаж байсан боловч олон айл _____ж _____сан билээ.

> толгойгоо ганзагал-, хотоо харлуул-,
> борви бохисхий-

2. Нэргүйг "Захаар явж _____ад ирье" гэхэд эхнэр Адилбиш нь "Тэгвэл далимд нь хүний _____х юм аваад ирээрэй" гэснээ, "Харин _____ад хэрэггүй шүү" гэж нэмж хэлэв.

> гар тата-, нүд хужирла-, гар цайлга-

3. Бэлгүтэй ганц охин Анужингаа _____ мэт хайрлан _____ж өсгөхдөө дотроо миний _____ гэж боддог байв.

> баастай бурхан, нүдний цөцгий,
> алган дээрээ бөмбөрүүл-

2.［適語補充］
2.1 次にあげるものはモンゴル語の慣用句についての説明です。下線部に適する慣用句をかっこの中から正しく選びなさい。

1. маш дотно ⋯ _____

2. зөрүүд зантай ... _____

3. маш өндөр харагдах ... _____

4. жаахан хүүхэд мөртлөө
том хүн шиг аашлах ... _____

5. суухгүй хөшөө мэт зогсох ... _____

6. шалгалт өгөхдөө бусдаас дэмжлэг
авах, бусдаас хуулж бичих ... _____

7. ажил төрөл дуусах дөхөх ... _____

8. санаа нийлсэн хүмүүсийн ажил
бүтэмжтэй байх ... _____

будаа идэх, тэнгэр баганадах, ганзага нийлэх,
зүү орох зайгүй, аавын цээж гаргах, нохойн дуу ойртох,
модон өмд өмсчихсөн юм шиг, буруу ишилсэн сүх шиг

2.2 [モ文和訳]
次のモンゴル語を特に下線を引いた慣用句に注意しながら日本語に訳しなさい。

1. Би урд шөнө <u>хар дараад</u> гэнэт сэрсэн.

2. Ах нь чамаас арай олон <u>оймс элээсний</u>г мартаагүй

биз дээ.

3. Чи хаана ингэтлээ мал болчихоо вэ?

4. Их аварга маань энэ удаа ч бас өвдөг шороодолгүй түрүүлэв.

5. Нэгдүгээр ангид шинээр орсон сурагчид багшийнхаа самбар дээр бичиж байгааг нүд цавчилгүй харж байв.

6. Аймшгийн кино үзэж суусан Доржийн оройн үс өрвөсхийх шиг болов.

7. Бид хоёр олон жил хамт ажиллаж байсан болохоор бие биеэ үнэхээр дотор нь short гараад гарсан юм шиг мэднэ.

8. Эцэг эх нь ганц хүүгээ гарыг нь ганзаганд хөлийг нь дөрөөнд хүргээд эрдэм номын мөр хөөлгөжээ.

語彙編（ҮГСИЙН ЖАГСААЛТ）

[モンゴル語―日本語語彙索引]
МОНГОЛ-ЯПОН ХЭЛНИЙ ҮГСИЙН ЖАГСААЛТ

A
аав 父、お父さん
→ аавын цээж гаргах おませである、大人顔負けである
аав ээж 両親
ааруул アーロール（乾燥凝乳）
аахилах ハーハー息が切れる、ハーハー息を切らす
аашлах 振舞う
аварга （相撲の）横綱、チャンピオン
авах 取る、買う、受け取る、（写真を）撮る、借りる
→ авахуулах 取ってもらう、買ってもらう
→ -ж авах ～して取る、～しておく、～し得る（獲得アスペクト）
авиа(н) 音声
авирах 登る
аврах 救う、救助する
автобус(ан) バス
→ автобусны зогсоол バス停
авч явах 持っていく
авчрах 持ってくる、買ってくる
агнах 狩る
агт(ан) 去勢馬（文学的語彙）
агуулах 入れる、収容する

агшаах （米を）炊く
адуу(н) 馬（総称）
ажиглах 注目する、観察する
ажигч 観察の鋭い、目ざとい
ажил 仕事
→ ажилд орох 仕事に就く、就職する
ажилсаг 仕事熱心な
ажлын газар 職場
ажиллах 仕事をする、働く
ажилсаг 仕事熱心な
аз жаргал しあわせ、幸福
азарга(н) 種馬
айл 家庭；人の家
аймаар 恐ろしい、こわい
аймаг アイマグ、県（行政単位）
аймхай 臆病な
аймшгийн кино ホラー映画
айх 恐れる、恐がる（-аас^4 айх の形で）
→ айлгах 恐がらせる
агнах 狩りをする
албаныхан 職員たち
алга ない、いない
алга(н) 掌
→ алга таших 拍手する

— 162 —

→ алган дээрээ бөмбөрүүлэх ひどく甘やかす、過保護に育てる
алдарших　有名になる、名声を得る
алдах　失う
алив　どれ（間投詞）
аливаа　あらゆる
алс　遠い、遠方の
алтан хошуу өргөх　人の秘密・過ちなどを他人に言いつける、告げ口する
алчуур　雑巾、タオル、ハンカチ（拭く物全般を指す）
аль（алин）　どれ、どの、どちらの
аль хэдийн　もうとっくに
ам（ан）　口
→ ам алдах　失言する
→ ам муруйх　口げんかする、言い争う
→ ам нээх　口を開く
→ ам халах　話が弾む；ほろ酔いかげんになる
→ амаа зайлах　口をゆすぐ
ам бүл　家族
Америк　アメリカ
амжилт　成功
амжих　間に合う
аминд орох　非常に役に立つ
амралтын өдөр　休日
амрах　休む、休みになる
амт（ан）　味
→ амттай　おいしい
амьд　生きている
амьдрах　住む、暮らす
амьсгаадах　息を切らす

амьтан　動物
ан　狩り
анги　教室、クラス
ангийнхан　クラスメート
англи　イギリス；英語
андах　間違える
→ андахгүй　間違えない、よく知っている
анзаарах　気づく
анкет　アンケート
анхаарал　注意
анхаарах　注意を払う
анх　最初
анхны　最初の
анчин　猟師
арав（арван）　10
араг　アルガル（乾燥牛糞）を入れるかご
арай　少し、ちょっと
арай гэж　やっと
арай л　ちょっと、少しだけ
арал　島
арга　方法
аргал　アルガル（乾燥牛糞）
ард　人民
ард　後ろに
ард түмэн　国民、人民
арилах　消える
ариун　清い
арслан　ライオン
архирах　（猛獣が）ウォーッと吠える
арчих　拭く
асаах　（火、電気を）つける

асуух 尋ねる
ат(ан) 去勢ラクダ
атаа しっと、ねたみ
→ атаа хөдлөх しっとする、ねたむ
атаархах しっとする、ねたむ（-д атаархах の形で）
атгах 握る
→ атгаастай 握っている（状態の）
ах 兄、お兄さん
ахиухан かなり多くの
ахлагч リーダー
ач 恩
ач 孫
ач холбогдол 意義
ачаа(н) 荷物
ачаар おかげで（-ын² ачаар の形で）
ачит 恩のある
→ ачит багш 恩師
ашгүй дээ ああ、よかった（間投詞）
ашигтай 利益のある
аюул 危険、危険性
аяга(н) 茶碗
аягалах 注ぐ、つぐ
аялал 旅行

Б
ба ～と、及び
баавгай 熊
баас(ан) 糞
баастай бурхан かけがえのないもの、一番大切なもの、一生の宝
баг チーム

бага 小さい、少ない、下の（年齢に関して）
бага сургууль 小学校
багаар бодоход 少なく見て
багадаа 小さい時
багадах 小さすぎる、少なすぎる
багтах 入る、属する（-д багтах の形で）
багш 先生
байгаа ずっとある、ずっといる（継続存在の意を表す）
байгаль 自然
байгуулах 建てる、建設する
байдал 状態、様子
байз じゃ（～しましょう）ね／よ（-я³ байз の形で）；ええと（間投詞で）
байлгүй дээ ～じゃないの、～のはずだよ
байн байн しばしば、たびたび、何度も
байр(ан) アパート、棟；場所
байх ある、いる；やめる（-хаа⁴ бай- の形で）
байх ～だろう、～でしょう（推量を表す文末助詞）
байхгүй юү ～なんだよ、～なんですよ
балиар 汚い
баллах 消す
баллуур 消しゴム
балрах （口語で）だめになる、台なしになる
бамбагар ふっくらした

бамбайх　ふっくらしている
банк(ан)　銀行
бараг　ほぼ、ほとんど
барилдаан　(相撲の）取り組み
баримтлах　遵守する、守る
бариул　取っ手
барих　捕まえる、握る
→ барилдах　つかみ合う、相撲を取る
→ бариулах　捕まえてもらう
баруун　西、右
баруун өмнө　南西
баруун хойт　北西
бас　また、さらに
→ бас нэг　もう一つの、もう一人の
бах　満足
бахархах　誇りに思う
　（-аар^4 бахархах の形で）
баялаг　豊かな
баян　金持ち、富
баян ядуу　貧富
баяр хүргэх　おめでとうと言う、祝福する
→ баяр хүргэе　おめでとう
баярлалаа　ありがとう
баяртай　うれしい；さようなら
бензин　ガソリン
би　私
бидний　私たちの
бидэнд　私たちに
бие　体
→ биеийн жин　体重
→ биеийн тамир　体育

бие биеэ　互いを
биелүүлэх　（〜を）実現する、かなえる
биелэх　（〜が）実現する、かなう
биеэ барих　緊張する
биз дээ　〜でしょ？、〜だろ？（聞き手に同意を求める文末助詞）
бий　ある、いる（不変化動詞）
→ бий болох　生ずる、生まれる
билүү　〜だったっけ、〜だったかな（疑問詞のない文末で）
билээ　〜だったっけ、〜だったかな（疑問詞のある文末で）；〜なんですよ（直接見聞・直接経験表示（平叙文の文末で））
битгий　〜するな（否定命令・動詞前置型）
битүүлэх　閉じる、ふさぐ
бичвэр　テキスト
бичиг　書類
бичих　書く
бичээч　書記
биш　〜ではない
богино　短い
богиносох　短くなる
бодвол　〜よりも、〜に比べて
　（-ыг^2 бодвол の形で）
бодол　考え
→ миний бодлоор бол　私の考えでは
бодох　思う、考える；計算する
бол　〜は（話題提示）；〜ならば（条件表示）
бол　〜かな、〜だろうか（疑問詞

のある文末で)
болгон 毎～、～ごと(後置詞として)
болгонд ～するたびに、～するごとに(-x болгондの形で)
болгоомжгүй 不注意な
болгох ～にする、～にしてもらう
болжмор ひばり
болов уу ～だろうか、～かな(疑問詞のない文末で)
боловсрох 教育を受ける
боловч ～だが、～だけれども(譲歩を表す)
бололтой ～のようだ、～らしい
боломжтой бол 可能なら、できれば
болор 水晶
болох なる、行われる、よろしい
→ -аас⁴ болох ～のせいである(原因表示)
→ -ж / -ч болох ～してもよろしい、～することができる
болохоор ～なので(理由を表す)
болтол ～まで
бор шувуу すずめ
борви(н) アキレス腱
→ борви бохисхийх завгүй ひと休みする暇もない、息をつく暇もない
бороо(н) 雨
→ бороо орох 雨が降る
борц(он) ボルツ(乾燥牛肉)
босох 起きる、起き上がる、立ち上がる
ботинк(ин) 靴、短靴

бөгж(ин) 指輪
бөглөн бичих
 (= бөглөж бичих) 記入する
бөгөөд ～であり、～であって
бөгс(өн) 尻
→ бөгс эргэх зайгүй 場所が非常に狭い、猫の額ほどの
бөмбөөхэй 丸っこいもの
 (cf. бөмбөгөр 丸い)
бөмбөр 太鼓
бөмбөрцөг 地球
→ дэлхийн бөмбөрцөг 地球儀
бөөр(өн) 腎臓
бөөрөнцөг 砲丸
бөх 相撲、力士
→ бөх барилдах 相撲を取る
буга 鹿
бугуй(н) 手首
будаа(н) 米(口語で)
→ будаа идэх (試験で)カンニングする
будах 染める
Буйр ボイル(湖の名)
булаг 泉
булан 隅、角
буруу 間違った
буруу ишилсэн сүх шиг 頑固な、へそ曲がり
буруушаах 非難する
бурхан өршөө "神様お許しください"(くしゃみをした人に対して言う決まり文句)
бусад 他の、別の
→ -аас⁴ бусад нь ～以外の者

буудал 停留所
буудах 撃つ
бууз(ан) ボーズ（蒸した肉まん）
→ бууз чимхэх ボーズを包む
буур(ан) 種ラクダ
буух 下りる；宿営する
бух(ан) 種牛
буцах 戻る、帰る
буцлах 沸騰する
бушуу 急ぎの、急いだ
бушуухан 急いで、早く
бүгд 皆、すべて
→ бүгдээрээ みんな、全員
бүдүүлэг 下品な、品のない
бүлтгэр （目が）飛び出た
бүр もっと、ずっと、全く（副詞として）
бүр 毎〜、すべて（後置詞として）
бүрд 泉、オアシス
бүртгэх 登録する
→ бүртгүүлэх 登録してもらう
бүрэн 完全な
бүтэмжтэй 実現した、うまく行く
бүтэн 完全な
бүх すべての
бүхэн すべて、皆（後置詞として）
бүтээх 実現させる、成し遂げる
бүтэх 実現する、うまく行く、成る
бэлтгэл 準備
бэлтгэх 準備する
бэлчээр 牧草地
бэлэг 贈り物、プレゼント
бэлэглэх プレゼントする
бэр 嫁

бээлий 手袋
бялдууч おべっかを使う
бялуу(н) ケーキ
бяруу(н) 子牛（2歳の）、2歳牛

В
вааглах （カエルが）クワックワッ鳴く
варенье ジャム

Г
гадаа(н) 外、外で
гадаад 外国、海外、外国の
гадна 外、外に；〜以外に
　（-аас⁴ гадна の形で）
гажих 外れる（-аас⁴ гажих の形で）
газар 所、場所；地面
→ газар авах 物事がますます広まる
газар нутаг 国土
гай 災い
гайхах 驚く
→ гайхамшиг 驚くべきこと、不思議
→ гайхуулах 自慢する、ひけらかす
гал 火
гал зуухны өрөө 台所
галт тэрэг 汽車
→ хурдан галт тэрэг 新幹線、特急列車
гамгүй 節約しない
гамтай 節約する、大事にする

ган 干ばつ、ひでり
→ гандуу やや干ばつ状態の、ひでり気味の
ганзага(н) 鞍ひも
→ ганзага нийлэх 気の合った人々の仕事がうまく行く、足並みが揃う
ганц たった1つ
ганцаараа たった一人で
гар 手
→ гар татах 出し惜しみする、けちけちする
→ гар цайлгах 物を与える、プレゼントする
→ гараас гарах 子供が成長して手間がかからなくなる、手が離れる
→ гарыг нь ганзаганд хөлийг нь дөрөөнд хүргэх (〜を) 一人前に育てる、成人させる
гар бөмбөг バレーボール
гар утас 携帯電話
гарал үүсэл 起源
гарын үсэг サイン、署名
→ гарын үсэг зурах サインする、署名する
гарах 出る、越す、現れる、登る
→ -ж гарах 〜し出す（始動・継続アスペクト）
гариг 曜日
гаруй 〜以上、〜余り
гарцаагүй 間違いなく
гахай 豚、猪
гашлах すっぱくなる
гитар ギター

→ гитар тоглох ギターを弾く
говь ゴビ
гоё きれいな、美しい
гол 川
гол 中心、真ん中；主な
→ гол харлах 悔やむ、残念に思う
→ гол хоол 主食
голдуу 主に
гоожих したたる、漏れる、垂れる
горилох 希望する、期待する
горхи(н) 小川
гөлөг (гөлгөн) 子犬
грамм グラム
гуа (= гоо) 美しい
гуаглах （カラスが）カーカー鳴く
гуай 〜さん、〜氏（敬称）
гуанз(ан) 食堂
гулгах 滑る
гулсах 滑る
гулсуур 滑り台
гурав (гурван) 3
гурил 小麦粉
гутал 靴
гуч(ин) 30
гүйх 走る
гүн 深い
гүрвэл トカゲ
гэвч しかし、でも
гэдгэр 反り返った、反り身の
гэж 〜と
гэж үү? 〜ですって
гэм 罪、過ち
гэмших 後悔する

гэнэ　～と言う、～そうだ
гэнэт　急に、突然
гэр　ゲル（移動式住居）、家；ケース、～入れ
гэр бүлийнхэн　家族の人たち
гэр орон　家
гэр оронгүй　ホームレスの
гэрээ(н)　契約、条約
гэрээс　遺言、遺書
гэтэл　ところが、一方
гэх　言う
→ гэгдэх　言われる
гэхдээ　でも、しかし
гэхэд　～までに
гээх　なくす、失う

Д

-даа[4]　～ね（聞き手に確認を求める文末助詞）
даага(н)　子馬（2歳の）、2歳馬
даалгавар　宿題
（＝ гэрийн даалгавар）
даваа(н)　峠
→ даваа давах　困難を乗り越える、山を越す
давах　越える
давс(ан)　塩
давтах　繰り返す
давхар　階
дагах　従う、付く
дагуулах　連れる
дажгүй　大丈夫だ（口語）
дайн　戦争
дайрч өнгөрөх　通過する

дайсан　敵
дал(ан)　70
далавч　羽
далай(н)　海
далайн төвшнөөс дээш　海抜
далайн хар салхи　台風
далимд нь　ついでに
даллах　振る（-аар[4] даллах の形で）
даллуур　はたき
дандаа　いつも、常に
дараа　後で、今度
дараагийн　次の、今度の
дараагийн дараа жил　再来年
даравгар　大口の、大きく口の開いた
дарга　長、上司
даруу　控え目な
дахиад　再び
дахин　再び；～倍（後置詞として／直前の数詞は -н のない形で）
дипломат　外交的な
диссертац　学位論文
дов(он)　丘、小丘
долоо хоног　週、週間
долоон булчирхайгаа тооцих　何でもかんでも逐一話す
домог　伝説
доор　下に
доош　下へ
дор　下
дороо　すぐに、すぐさま
дорсгор　出っ歯の
дотно　親しい

дотор 中に、中で；中、内
→ дотор нь ороод гарсан юм шиг мэдэх 心のうちまで知り尽くす
дөнгөж やっと
дөрөв (дөрвөн) 4
дөрөө(н) あぶみ
дөхөх 近づく
дөч(ин) 40
-дугаар (-дүгээр) 第〜の、〜番目の
（基数詞に付して序数詞を形成する）
дугуй 自転車；タイヤ
дулаахан 暖かい
дунд 真ん中
дунд сургууль 中学校
дундаж 平均の
→ дундаж наслалт 平均寿命
дурандах 双眼鏡で見る
дургүй 嫌いな
→ -д дургүй 〜が嫌いな
→ дургүй хүрэх 嫌いになる
дургүйцэх 嫌いになる
дурлах ほれる、恋する
（-д дурлах の形で）
дуртай 好きな
→ -д дуртай 〜が好きな
-х дуртай 〜するのが好きな
дусаах したたらす、（液体を）垂らす
дуу(н) 歌；音、声
→ дууны үг 歌詞
дуугарах 音がする、音をたてる、鳴く、鳴る

дуугүй болох 黙る
дуудах 呼ぶ
дуулах 聞く（無意識的に）
→ дуулгах 聞かせる、知らせる
→ дуулдах 聞こえる
дуулах 歌う
дуулгавартай 素直な、聞き分けのよい
дууриамал 模造、レプリカ
дууриах まねる
→ дууриалгах 似せる、模倣する
дуусах 終わる
дуусгах 終える
дүгнэлт 結論
дүнгэнэх （蜂が）ブーンと鳴る
дүр үзүүлэх ふりをする
дүрэм 規則、ルール
дүү 弟、妹
дэвтэр ノート
дэлгүүр 店
дэлгэх 広げる
дэлхий 世界
дэмжлэг 支援、援助
дэмий 無駄な
дэр(эн) 枕
дэс дараагаар 順番に
дээгүүр 上を、上方を
дээл デール（モンゴル民族衣装）
дээр 上、よりよい；〜に、〜で、〜のところに（場所表示）
→ -сан^4 нь дээр 〜した方がよい
дээр нь その上、さらに
дээрэлхүү 高圧的な、威圧的な
дээрэлхэх いじめる

дээрэнгүй　横柄な、高慢な
дээс(эн)　縄

Е
ер бусын　異例な、特殊な
ер ～ гүй　全く～でない
ер нь　そもそも、もともと、一般に
ердөө　たった、わずか
ерөнхий сайд　首相
ерөнхийлөгч　大統領

Ё
ёс(он)　慣習、礼儀
ёс алдах　礼を失する、失礼にあたる
ёс заншил　習慣
ёсоор　～通りに、～に従って
ёсорхуу　礼儀正しい

Ж
жаал　子供
жаахан　少し
жагсах　行進する
жар(ан)　60
жижиг　小さい
жижигхэн　かなり小さい、小さめの
жийнс(эн)　ジーンズ
жийх　（足を）伸ばす
жил　年（指示代名詞、年号以外の数詞とともに）
жингэнэх　（鈴が）リンリン鳴る
жиргэх　（小鳥が）ピーチクさえずる
жишээ нь　例えば
жишээлбэл　例えば
жолоо(н)　手綱

жороо　跑足
жүжиг　劇
жүжигчин　俳優

З
заавал　必ず、きっと
заах　教える；指す、示す
→ заагч мод　指し棒
→ заалгах　教えてもらう、教わる
зав　暇
→ зав муутай　暇がない
заваан　汚い
завгүй　忙しい
завсарлагаа(н)　休み、休憩
загас(ан)　魚
загасчин　漁師
загнах　叱る
зажлах　かむ
Зайсан толгой　（スフバータル広場から3 km南に位置する丘）
зайтай　離れた、距離のある
залгах　つなぐ、接続する
залгих　飲み込む
залуу　若い；若者
залуучууд　若者たち
залхуу　怠け者の
зам　道
зан　性格、性質
зандрах　どなる
заншил　習慣
запас　スペアー
заримдаа　時々
зарлан дуудах хуудас　（軍隊の）召集令状

засах 直す、修理する
засгийн газар 政府
зах 端、はずれ；市場
зах(ан) 襟
захиа(н) 手紙
захих お願いする、頼む
зовлон 苦しみ
зовох 苦しむ
зовуурь （病気の）苦痛、痛み
зогсох 止まる、止む；立つ、立ち止まる
зожиг 一匹狼の、非社交的な
золгох 新年のあいさつをかわす
зонтик かさ
зоосон мөнгө 硬貨
зоригтой 勇敢な
зориулах （〜に）向ける（-д зориулах の形で）
зорих （〜に）向かう、（〜を）目指す（-ыг² зорих の形で）
зорчигч 乗客
зохиол 作品
зохиолч 作家
зохион бүтээх 発明する
зохиох 作る、創作する
зочин 客
зочломтгой 客をよくもてなす
зочлох （客を）もてなす
зөв 正しい
зөвлөх 相談する（-тай³ зөвлөх の形で）；アドバイスする、勧める（-д зөвлөх の形で）
→ зөвлөлдөх 相談し合う、協議する
зөвхөн 単に、ただ、〜だけ
зөгий(н) 蜂
зөөлөн 柔らかい
зөөх 運ぶ
зөрүүд 頑固な
зөрчих 破る、反する、そむく、犯す
зугаацах 楽しむ
зуд(ан) ゾド（冬の雪害）
зузаан 厚い
зун 夏
→ зуны амралт 夏休み
зунжин 夏の間、夏じゅう
зураас(ан) 線
зураач 画家
зураг 写真；絵
→ зураг авах 写真を撮る
зурагт テレビ
зурагчин カメラマン、写真屋
зурам ジリス
зурах 描く
зургаа(н) 6
зусарч おべっかを使う
зуу(н) 百
зүг 方向
зүгээр 大丈夫な
зүйл 事、事柄、物
зүрх(эн) 心臓
→ зүрх гаргах 勇気を出す、思い切ってする
зүрхтэй 勇気ある、勇敢な
зүү орох зайгүй 非常に親しい、切っても切れない

зүүн 東、左
зүүн өмнө 南東
зүүн хойт 北東
зэс нь цухуйх 本性が現れる、化けの皮がはがれる
зээл ローン、貸し付け

И
ид шидтэн 魔法使い
идэж уух юм 飲食物
идэх 食べる
идээ(н) 食べ物
ийм このような
иймд そのため、よって
иймэрхүү このような、こんな
илгээмж 小包
илтгэл 発表、研究発表
→ илтгэл тавих 研究発表をする
илүүр 火のし
ингэсхийгээд (= ингэсгээд (特に口語で)) もうそろそろ、そうこうして
ингэх こうする
индэр 演壇
инженер 技師、エンジニア
инээмсэглэх 微笑む
инээх 笑う
иргэд 市民たち(иргэн の複数形)
иргэн 市民
ирэг (иргэн) 去勢羊
ирэх 来る
ирэх 来たる、来る〜
→ ирэх жил 来年
→ ирэх долоо хоног 来週
→ ирэх сар 来月
исгэрэх 口笛を吹く
Итали イタリア
их とても、大きな
→ их л ひどく
их бага 大きさ
их сургууль 大学
их хэмжээний 大規模な
ихдүүлэх 多くしすぎる
ихэмсэг 傲慢な、横柄な
ихэнх 大部分
ихэнхдээ だいたい、大抵
ихэр 双子
ичимхий 恥ずかしがりの
ичих 恥じる
ишиг (ишгэн) 子山羊(1歳までの)

К
картон ボール紙
килограмм キログラム
километр キロメートル
кимоно 着物
кино(н) 映画
кино театр 映画館
кирилл キリル
компани 会社
компьютер コンピューター
костюм スーツ
курс クラス、学年
куртк ジャンパー

Л
лав きっと
лекц 講義、講演

→ лекц унших　講義する、講演する
лифт　エレベーター

M
маань　私たちの、うちの
магтах　ほめる
майлах　（羊、山羊が）メーと鳴く
мал　家畜
мал болох　べろんべろんに酔う、ひどく酔っぱらう
→ малын хашаа　家畜小屋
малгай　帽子
маллах　放牧する
малчин　牧民
манаач　守衛、見張り
манай　私たちの、うちの
манайх　私のところ、私の家族
манайхан　私の家族
манах　番をする、見張る
мангар　馬鹿な、愚かな
мангас　マンガス、怪物
манлай　前衛、前面
маргааш　明日
марк　切手
мартах　忘れる
→ мартагдашгүй　忘れられない
→ мартамхай　忘れっぽい
масло　バター
мах(ан)　肉
махсах　肉を食べたくなる
маш　非常に
машин　車
→ машин барих　車を運転する

→ машины зогсоол　駐車場
мaяг　やり方、かっこう
метр　メートル
миний　私の
минут　分
минь　私の
могой　蛇
мод(он)　木
→ модон өмд өмсчихсөн юм шиг　棒のように立つ
Монгол　モンゴル
монголч эрдэмтэн　モンゴル学者
монголчууд　モンゴル人たち
морь(морин)　馬、去勢馬
→ морь харах　（婉曲）トイレに行く、用を足す
мөлгөр　すべすべの、つるつるの
мөн　さらに、また
→ мөн ч　本当に
мөнгө(н)　銀；お金
мөөрөх　（牛が）モーと鳴く
мөр　跡、足跡
мөргөх　（角・頭で）突く
мөрөн　河、大河
мөрөөдөл　夢、あこがれ
мөртлөө　〜のに（譲歩を表す）
мөс(өн)　氷
мөстөх　氷になる、凍る
муж　県
музей　博物館
муу　悪い
муужгай　ネコちゃん、ニャンコ（口語、幼児語）
муулах　悪口を言う

— 174 —

муур 猫
муухай きたない、醜い；下手な
мухар сүсэг 迷信
мэдрэхүй 感覚
мэдэх 知る
→ мэдэгдэх 知らせる
мэдээ ニュース、知らせ
мэдээж もちろん、当たり前
мэдээлэх 報道する
мэйл メール
мэлхий カエル
мэндлэх あいさつする
Мэнэн メネン（地名）
мэргэжил 専門
мэргэжилтэн 専門家
мэт ～のように、～の如く
мэх(эн) 技
→ мэх хийх 技をかける
мэхлэх だます、欺く
мягмар 火曜日
мянга(н) 千

Н
наад 手前の、その
наадам ナーダム（毎年7月11～13日に行われる国民の祭典）；遊び
наана こちら、こちら側
наах 貼る
наашаа こちらへ
надаар 私によって
надаас 私から、私より
надад 私に
найз 友達、友人
→ найз аа ねえ君（呼びかけ語として）
найз нөхөд 友人たち
найм(ан) 8
наймалж たこ
найтаалгах (= найтаах) くしゃみをする
нам 静かな
→ нам унтах ぐっすり眠る
намхан 低い、背の低い
нар ～たち（人間表示の複数接尾辞）
нар(ан) 太陽
нарийвтар やや細い
нарийн 細い；けちな
нас(ан) 年齢、～歳
→ нас тогтох 物事を分別できる年齢になる
насанд хүрэх 成年に達する
→ насанд хүрэгчдийн баяр 成人の日
настай 年老いた
ная(н) 80
нижигнэх （雷が）ゴロゴロと鳴る、鳴り響く
→ нижигнэтэл алга таших 割れるような拍手をする
нийлэх 一緒になる
нийлээд 合わせると
нийслэл 首都
нийт 総～、すべての
нийцтэй 社交的な
нисэх 飛ぶ
ногоо(н) 野菜
→ ногоо дарах 漬け物を作る
ногоон 緑の

ногоон цай　緑茶
ноднин　去年、昨年
нойр хоолоо мартах　寝食を忘れる
ном　本
→ номын дэлгүүр　本屋
→ номын сан　図書館
Номин　ノミン（地名）
нохой　犬
→ нохойн дуу ойртох　物事が終わりに近づく、間近に迫る
нөгөө　例の、あの
нөгөөдөр　あさって
нөхөөс　継ぎ当て
нөхөр　夫
нөхөх　補う；継ぎ当てする
нуруу(н)　山脈
нус(ан)　鼻水
нусгай　鼻水を垂らした
нутаг　地方、故郷
нутаг дэвсгэр　領土、面積
нуур　湖
нуух　目やに
нүд(эн)　目
→ нүд хужирлах　目を楽しませる、目の保養をする
→ нүд цавчилгүй　非常に注意深く、目を凝らして
→ нүдний цөцгий мэт хайрлах　非常に大事にする、目の中へ入れても痛くない
→ нүдний шил　メガネ
нүүдлийн шувуу　渡り鳥
нүүр　顔

→ нүүр хийх газаргүй болох　大変恥ずかしい、穴があったら入りたい
нүүрэмгий　恥知らずの、厚かましい
нүүх　移動する
нүх(эн)　穴
нэвтрүүлэг　放送
нэлээн　かなり
нэмэгдэх　ふえる、上がる
нэмэх　加える、足す、プラスする
нэр　名前
нэртэй　有名な
нэхэх　編む
нээрээ　本当に
нээх　開ける
нялх　赤ん坊

О
овоо　かなり
огт ～ гүй　全く～でない
огтлох　切る、切断する
одоо　今、現在
оёдлын машин　ミシン
оёх　縫う
ой хөвч(ин)　大森林（の）
оймс(он)　靴下
→ оймс элээх　多くの経験を積む、場数を踏む
ойролцоогоор　だいたい、おおよそ
ойртох　近づく
ойрхон　近い
олз(он)　獲物

олон 多い、たくさんの；大衆
→ олдох 多すぎる
олон улсын 国際の
олох 見つける、手に入れる
→ олдох 見つかる、手に入る
олуулаа 大人数で、大勢で
олшрох 多くなる、ふえる
он ～年（年号に付して）
→ он гарах 年が明ける
онгироо 威張った
онгойх 開く
онгоц(он) 飛行機
 (= нисэх онгоц)
→ онгоцны үйлчлэгч эмэгтэй スチュワーデス、キャビンアテンダント
Онон オノン（河の名）
оноо 得点
онц 特別な、特別の
→ онц авах 成績が優秀（5）である
онцгой 特別な
ор(он) ベッド
→ ороо засах ベッドを整える、ふとんを敷く
орлох 代行する、代理する
→ орлогч 代理の、副～
орой 遅い（時間的に）；晩
→ оройн хоол 夕食
орой 頂上、てっぺん、屋根
→ оройн үс өрвөсхийх 恐怖でぞっとする、身の毛がよだつ
оройжингоо 一晩中
оролдох 努力する

орон 国、国土
орон нутаг 地方
оронд ～の代わりに
 (-ын² оронд の形で)
орох 入る
орхи- 置いておく、残しておく
→ -ж орхи- ～してしまう（完了アスペクト）
орчим ～くらい（～ぐらい）
орчин үеийн 現代の
орчуулагч 通訳、翻訳者
орчуулах 訳する、翻訳する
оршиx 位置する、ある
осол 事故
→ осолд орох 事故に会う
отгон 末っ子
охин 娘、女の子
очих 行く（到着点に重きを置く）
оюутан 学生（大学生を指す）
оюутны байр 学生寮

Ө
өвгөн 老人、おじいさん
өвдөг(өвдгөн) ひざ
→ өвдөг шороодох （相撲で）負ける、土がつく
өвдөх 痛む、痛くなる
өвөл 冬
өвөлжөө(н) 冬営地
өвөө おじいちゃん、おじいさん
өвчтөн 病人、患者
өглөгч 気前のよい
өглөө(н) 朝
өглөөгүүр 朝方に

өгөх 与える
→ -ж өгөх 〜してあげる、〜してくれる（授受アスペクト）
өд(өн) 羽毛
өдийд 今頃
өдөр 日
өдөр бүр 毎日
өдөр шөнөгүй 昼も夜も、日夜
өдөржингөө 一日中
өлгий ゆりかご
өлгөх 掛ける、懸ける
өлгүүр 洋服かけ
өмгөөлөгч 弁護士
өмд(өн) ズボン
өмнө 南、前
өмнөд 南の
өмнөх 前の
өмсөх 身につける（着る、はく）
өнгө 色
өнгөрөх 過ぎる、通り過ぎる
→ өнгөрөөх 過ごす
өнгөрсөн 過ぎた、先〜
→ өнгөрсөн долоо хоног 先週
→ өнгөрсөн сар 先月
өндөг(өндгөн) 卵
өндөр 高い、背の高い、高さ；身長（＝биеийн өндөр)
өндөр нам 高さ
өнөөдөр 今日
өнчин 孤児
өөд 上に、川上に
өөр 他の、別の、異なる
→ -аас өөр 〜以外の
өөрийгөө 自分自身を

өөрийн 自分の
өөрчлөх 変える、改める
өөх(өн) 脂肪
→ өөхөнд хучсан бөөр шиг 子供を甘やかし過保護にする
өргөн 広い
өрөвдөм 同情すべき、哀れむような
өрөө(н) 部屋
өртөх （〜に）見舞われる、遭う（良くないことに関して）
өршөөх 許す、容赦する
өсвөр 新進、新世代
өсгий かかと、ヒール
өсгөх 育てる
өсөх （数が）増える；育つ
өхөөрдөх かわいがる
өчигдөр 昨日
өчигдөрхөн つい昨日

П
пальто コート
пенал 筆入れ
пид пад ドタバタ
плёнк フィルム
подволк Tシャツ
порчигнох （沸騰している液体が）ブクブク音がする
профессор 教授
пүүз(эн) スニーカー

Р
радио ラジオ
размер サイズ
рашаан 鉱泉

резин　ゴム
ресторан　レストラン
роман　小説
руу / рүү　～の方へ、～へ（方向格）

C

сав(ан)　入れ物、容器
савандах　石鹸で洗う、石鹸をつける
сагсан бөмбөг　バスケットボール
сагсуу　威張った、自慢たらしい
сажлах　ゆっくり歩く
сайжрах　良くなる
сайн　良い、上手な
сайт　（インターネットの）サイト
сайхан　美しい、きれいな；ゆっくり
сайшаах　賞賛する
салхи(н)　風
салхилах　（口語で）散歩する
→ салхилуулах　散歩させる
сам(ан)　くし
самбар　黒板
самнах　髪をとかす
-сан⁴ нь дээр　～した方がよい
санаа амрах　安心する
→ санааг амраах　安心させる
санаа нийлэх　気が合う
санал　意見
→ санал өгөх　投票する
санах　思う；思い出す；恋しく思う、寂しく思う
→ гэрээ санах　ホームシックになる
→ санагдах　思われる、感じられる
сандал　いす
сантиметр　センチメートル
сар　月、～月
сахал　ひげ
сахар　砂糖
сахилгагүй　腕白な、行儀の悪い
сая　さっき
Саяан　サヤーン（山脈の名）
саяхан　つい最近、ついさっき
склад(ан)　倉庫
словарь　辞書
соёлтой　品のある
сонгох　選ぶ
судлаач　研究者
солих　換える、交換する
→ солилцох　交換し合う
сонгууль　選挙
сонирхол　興味、関心
сонирхох　興味を持つ
сонсох　聞く（意識的に）
→ сонсдох　聞こえる
→ сонсогдох　聞こえる
соруул　吸い口
сохлох　盲目にする、目をつぶす
судалгаа(н)　研究
судлаач　研究者
сул　弱い
сунгах　伸ばす
сур(ан)　皮ひも
→ сур харвах　（婉曲）下痢をする
сурагч　生徒
сурах　学ぶ、勉強する
→ суралцах　（共に）勉強する

→ сургах 学ばせる、教える
сурвалжлагч 記者
сургамж 教訓
сургууль 学校
суурь (суурин) 基礎、土台
суух 座る；(鳥が) 止まる
→ суулгах 座らせる
→ -ж суух ずっと～している（静止・進行アスペクト）
сүжиг (～сүсэг) 信心
сүм 寺、寺院
сүрэг 群れ
сүү(н) 乳、ミルク
сүүл(эн) 尾、尻尾
сүүлд 最後に
сүүлийн үед 最近
сүүлч 終わり、末
сэгсээхэй もじゃもじゃのもの（cf. сэгсгэр 毛がもじゃもじゃの）
сэжиг 疑心、疑い
сэртгэр (耳が) 突き出た
сэрүүцүүлэгч クーラー
сэрэх 目覚める
сэрээ(н) フォーク
сэтгэл 心、気持ち
сэтгэл санаа 心、気持ち
сэтгэхүй 思考

Т
та あなた（二人称単数に対する敬称）
та нар あなたたち
таарах （サイズ・計算などが）合う
→ тааралдах 出会う
→ тааруулах 合わせる、調整する

таах 当てる、言い当てる、予想する
тав (ан) 5
таваг 皿
таван хошуу мал 五畜
тавдахь өдөр 金曜日
тавих 置く
тавчик スリッパ
тавь (тавин) 50
таг мартах すっかり忘れる
тагнах 探る
тагнуул スパイ
тайван 平和な
тайвшрах 落ち着く、(心が) 静まる
тайз(ан) 舞台
тайлах 脱ぐ；解く
тайлбар 説明
тайрах (長いものを) 切る
тал 草原、ステップ；側
талаар ～について、～に関して
талх(ан) パン
тамхи(н) タバコ
→ тамхи татах タバコを吸う
танай おたくの
танайх あなたのところ、あなたの家族
танайхан あなたの家族
танилцуулах 紹介する
таних (人を) 知る
таны あなたの
тар няр хийх ガチャンと音をたてる
тараах 配る、配布する
тарах 散る；終わる

тарих　植える
тасаг　売り場
тасрах　切れる
тасчих　何度も切る
ташаа(н)　わき腹
→　ташаа тулах　威張る、えらそうにする
ташуур　鞭
тийм　そうです、はい
товч(ин)　ボタン
→　товч хадах　ボタンをつける
товчлох　短縮する、縮める
товчлох　ボタンをかける
товчхон　簡単な、簡潔な
тоглогч　遊ぶ人
тоглолт　演技、公演
тоглоом　遊び、ゲーム；おもちゃ
тоглох　遊ぶ、ゲームをする、（スポーツを）する
тогоруу(н)　鶴
тогос(он)　孔雀
тогтоох　定める、確立する、樹立する
тогших　とんとんノックする
тод　はっきりした、はっきりと
тодорхой　はっきりした、明白な
тойром　沼沢
тойрон аялал　遊覧旅行
тойрох　回る
толгой　頭；〜頭（量詞として）
→　толгойгоо ганзагалах　元気なくしょげる、がっかりする
толгойтой　賢い、頭のよい
толь бичиг　辞書

том　大きい、上の（年齢に関して）
том хүн　大人
томдох　大きすぎる
томоотой　おとなしい、行儀のよい
томчууд　大人たち
тоо(н)　数
→　тоо бодох　計算する
тоолох　数える
тооцоо(н)　計算、統計
торгох　罰金を科する
торгууль　罰金
торт(он)　ケーキ
тос(он)　油
тослог　油っこい、油の多い
тохиолдол　場合
тохиолдох　遭遇する、起こる
тохиролцох　取り決める、合意する
төв　中心
төгрөг　トグルグ（モンゴル国の貨幣単位)
төгсөх　終わる、終了する；卒業する
төл　家畜の子
→　төллөх　（家畜が）出産する
төлөвлөгөө(н)　計画、スケジュール
→　-х төлөвлөгөөтэй　〜する計画がある
төмөр зам　鉄道
төрөл　種類
төрх　生まれる
төрсөн нутаг　生まれ故郷
төрсөн өдөр　誕生日
төсөл　プロジェクト
төхөөрөмж　設備

трико　パンティーストッキング
туг　旗
тугал　子牛（1歳までの）
тулгаж үзэх　照合する
тунгалаг　澄んだ
тус　当該の、その
тусдаа　別々に
туслах　手伝う、助ける
　（-д туслах の形で）
тутам　毎〜、〜ごと（後置詞として）
Туул　トール（河の名）
туулай　うさぎ
тухай　〜について、〜に関して
түгших　（心臓が）ドキドキする
түлхүүр　鍵
түр　しばらく、ちょっと
түрүүлэх　先頭に立つ；優勝する
түрүүчийн　先の、前の
түрхэх　塗る
түүний　彼の、彼女の；その、あの
түүх　拾う、摘む、集める
түүх　歴史
тэгтэл　そうすると、すると
тэгш　等しい、平等な；平らな
тэгэх　そうする
тэгэхээр　そのとき、そうしたら
тэгээд　それで、そして
тэд　彼ら、彼女ら
тэдний　彼らの、彼女らの
тэднийх　彼の家族、彼のところ
тэдэнд　彼らに、彼女らに
тэжээх　飼う、養う、育てる
тэмдэглэл　記録
тэмдэглэх　メモをする、記録する、記す；祝う
тэмцэх　闘う
тэмцээн　試合
тэмээ(н)　ラクダ
тэмээлзгэнэ　トンボ
тэнгэр　天気、空、天
→ тэнгэр баганадах　非常に高く見える、天を衝く
→ тэнгэр нижигнэх　雷がゴロゴロと鳴る
тэнцүү　等しい
тэнцэх　匹敵する、等しくなる、つり合う
тэнэг　馬鹿な
тэтгэвэрт гарах　年金生活に入る
тэр　それ、あれ；その、あの；彼、彼女
тэр дороо　すぐに、すぐさま
тэр чигээр нь　そのまま
тэрүүгээр　そこを、そのあたりを
тэрэг (тэргэн)　車、荷車

У

Увс　オブス（県の名、湖の名）
угаасаа　そもそも、元々
угаах　洗う
углах　はめる、はめ込む
угсрах　組み立てる
угтах　出迎える、歓迎する
удаа　回、度
удахгүй　もうすぐ、間もなく
уйлах　泣く
улаан　赤い
улаан лооль　トマト

улаан хоолой 食道
Улаанбаатар オラーンバータル（モンゴル国の首都）
улайрах 夢中になる（-д улайрахの形で）
улайх 赤くなる
улам もっと、一層
уламжлах 伝える、継承する
улирал 季節
улмаас 〜のために、〜のせいで（-ын² улмаасの形で）
улс 国；人々（口語で）
улс төр 政治
унага(н) 子馬（1歳までの）
унах 落ちる
унах 乗る
ундаа(н) 飲料、飲み物
унтах 寝る、眠る
уншигч 読者
унших 読む
урагш 前へ
уралдах 競争する
урамшуулах 励ます
уран гулгагч フィギュアスケート選手
урах 破る、裂く
ургах 生える、伸びる、生育する
урд 前に、前の
уржигдар おとつい
уржнан おととし
урилга 招待状
урих 招待する
урсах 流れる
урт 長い

→ урт гартай 盗み癖のある、手が長い
→ урт чихтэй 物事を聞きつけるのが早い、地獄耳
урьд 先に、以前に
ус(ан) 水
усан онгоц 船
усанд орох 風呂に入る
услах 水をやる
усч 泳ぎ上手
утас (утсан) 電話；糸、ひも
утасдах 電話をかける
уул(ан) 山
уулархаг 山の多い、山がちな
уулзах 会う
уурхайчин 炭鉱夫
уусах 溶ける、溶解する
уух 飲む
уучлаарай すみません、ごめんなさい
уушги(н) 肺臓
→ уушги сагсайх かっとなって怒る
ухаантай 賢い、頭のよい
ухна 種山羊
учир 理由；〜なので (= учраас)
учир нь なぜなら、そのわけは
учраас 〜なので（理由表示）

Ү

үг 単語、言葉
→ үг хэлэх 演説する
үгүй いいえ；〜ではない
үе 時、時期

үер 洪水
үзүүлэх 見せる、示す；見てもらう
үзүүр 先
үзэг ペン
үзэгдэл 現象
үзэгч 観客
үзэл суртал 思想、イデオロギー
үзэм(эн) ブドウ
үзэсгэлэнт 美しい
үзэх 見る
→ үзэгдэх 見える
→ -ж үзэх ～してみる、～したことがある（経験アスペクト）
үйл явдал 出来事
үйлдвэр 工場
үл ～しない（動詞前置型否定詞）
үлгэр 民話
үлдэх 残る
үлэг гүрвэл 恐竜
үндэстэн 民族
үнсэн саарал 灰色の
үнэ 値段
үнэгүй 無料の、ただの
үнэн 真実、事実
үнэнч 正直な、誠実な
үнэтэй 値段のする；（値段が）高い
үнэхээр 本当に
үнээ(н) 雌牛
үргэлж いつも、常に
үргэлжлэх 続く
үрэлгэн 浪費癖のある
үс(эн) 髪、毛
үсчин 散髪屋、理髪店
үсэг 文字、字

үүл(эн) 雲
үүнийг これを
үүнээс хойш 今後
үүр あけぼの、夜明け
үхэр 牛
үхэх 死ぬ
→ үхүүлэх 死なせる

Ф
фонт フォント
Франц フランス

Х
-х вий ～するかも（懸念を表す）
-х гэсэн юм ～したいものだ
-х гэх ～しようとする
-х ёстой ～すべきである
-х замдаа ～する途中で
-х санаатай ～するつもりである
хамаа намаагүй むやみやたらに
хаалга(н) ドア、扉
хаан ハーン、王様
→ хаан ширээнд суух 即位する
хаана どこ、どこに
хаанахын どこの
хааяа нэг ごくたまに
хавтгай дөрвөлжин километр 平方キロメートル（km^2）
хагалах 割る、こわす
хагарах 割れる、こわれる
хагас 半分；～半
хагтах ふけがでる
хад(ан) 岩
хадах 刈る

хадуур　鎌
хажуудахь　そばの、横の
хайлах　溶ける
хайнга　いいかげんな
хайртай　愛する、大好きな
хайч(ин)　はさみ
хайчлах　はさみで切る
хайх　探す
халаас(ан)　ポケット
халах　熱くなる、暑くなる
халдварт ханиад　インフルエンザ
халих　あふれる
халуун　熱い、暑い
→　халуун үзэх　熱を計る
халуурах　熱が出る、熱が上がる
халууцах　暑く感じる
хальс(ан)　皮、殻；フィルム
хамаагүй　関係ない、無関係な
хамаатан　親戚
хамаг　すべての
хамар　鼻
хамгийн　一番、最も
хамт　一緒に
хамтлаг　グループ（音楽、スポーツの）
хана(н)　壁
хангай　ハンガイ（森林肥沃地帯）
Хангай　ハンガイ（山脈の名）
хандах　対処する、振舞う
хандлага　傾向
→　-х хандлагатай　～する傾向にある
ханиад(ан)　風邪；咳
→　ханиад хүрэх　風邪を引く

ханиах　咳をする
хар　黒い
→　хар дарах　こわい夢を見る、悪夢を見る
хар санаатай　悪意のある
харагдах　見える
харайх　跳ぶ
харамлах　けちけちする、物惜しみする
харамч　けちな
харандаа(н)　鉛筆
харах　見る、ながめる
харилцаа(н)　関係
харин　しかし、〜が…、一方、ところで
харин ч　しかしながら、しかし
харин ээ　そうですねえ（間投詞）
харих　帰る
хариулах　放牧する
хариулах　答える
харлах　黒くなる
харьцангуй　比較的
хасах　マイナス；減ずる；外す、削除する
хатаах　乾燥させる、乾かす、干す
хатуу　硬い
хашаа(н)　囲い、柵
хаяг　住所
хаях　捨てる；なくす
хиймэл　人工の
→　хиймэл шүд　入れ歯
хийсэх　（風で）吹き飛ぶ
хийх　する；作る；入れる
→　хийлгэх　してもらう；作って

もらう；入れてもらう
хими цэвэрлэгээ　クリーニング
хир　汚れ
хиртэх　汚れる
хичнээн ～-вч　いくら（たとえ）～しても
хичээл　授業
→　хичээл хийх　勉強する
ховдог　貪欲な
ховор　まれな、珍しい
хоёр　2
хоёрдугаар　第2の、2番目の
хоёулаа　二人で、一緒に
хожих　勝つ
хойд　北の
хойно　後に、後ろ；北に
хойт　北の
хойш　北へ
хол　遠い
холдох　遠ざかる、遠くへ行く
хоног　一昼夜、まる一日
хонх(он)　鈴、ベル
хонь(хонин)　羊
→　хоньд　羊（複数形）
хоол(он)　食事、料理；（動物の）えさ
хооллох　食事を与える；食事をする
хооронд　～の間で
хоосон　空の
хослох　ペアになる、両方がそろう
хоцрох　遅れる
хоргодох　避難する
→　хоргодох байр　避難所
хорголоо тоолох　けちけちする

хоржигнох　（小川の水が）サラサラ音がする
хоригдох　閉じ込められる
хорь(хорин)　20
хос　ペアの、一対の
→　хосууд　カップルたち
хот　都市、市
→　хотын зах　郊外
хотол　すべての
хотоо харлуулах　家畜に死なれて家畜小屋が空っぽになる
хохирол　被害、損害
→　хохирол амсах　被害を受ける
хоцрох　遅れる
（-аас[4] хоцрох の形で）
хошуу(н)　くちばし、口
хөвөн　綿
Хөвсгөл　フブスグル（湖の名）
хөгжүүлэх　発展させる
хөгшин　年取った
хөгшрөх　年を取る
хөдлөх　動く
хөдөлгөөн　動作、動き
хөдөлмөр　労働
хөдөө(н)　田舎
хөл　足
→　хөл газар хүрэхгүй　大喜びする
хөнгөвчлөх　軽くする、軽減する
хөнгөмсөг　軽率な
хөнгөн　軽い
хөнжил　ふとん
хөөрхөн　かわいい
хөөх　追う、追求する

хөөцөлдөх　互いに追いかけ合う
хөргөгч　冷蔵庫
хөргөх　冷やす
хөрөө(н)　鋸
хөрөөдөх　鋸で切る
хөтлөх　（手で）引いて行く
хөтөлбөр　プログラム
хөх　青い
хөх бух　しじゅうから
хөх түрүү　あぶ
хөхүүр　馬乳酒用の皮袋
хөшиг (хөшгөн)　カーテン
хөшөө(н)　銅像
хуваах　分ける
хуванцар　プラスチック
хувьсгал　革命
худалдах　売る
→ худалдаж авах　買う
худал　うそ
худалч　うそつき
хулан　野生馬
хулгайч　泥棒
хулгана　ネズミ
хумслах　くすねる、盗む
хураах　集める
→ хураалгах　没収される、取り上げられる
хурал　会議
хурга(н)　子羊（1歳までの）
хурдан　速い
хурим　結婚式
→ хурим хийх　結婚する、結婚式をあげる
хуруу(н)　指

хуруувч　指ぬき
хурхирах　グーグーいびきをかく
хуулах　はがす
хуулах　写す、書き写す
хуурах　だます
хүзүү(н)　首
хүйтрэх　寒くなる
хүйтэн　寒い
хүлэг　駿馬
хүлээх　待つ
хүмүүс　人々、人たち
хүн　人
хүн ам　人口
хүн төрөлхтөн　人類
хүндэт　名誉ある、尊敬すべき
хүнс(эн)　食料
→ хүнсний дэлгүүр　食料品店
хүртэл　～まで
хүрэл　ブロンズ
хүрэх　着く、到着する、達する；足りる
хүсэл　希望、夢
хүсэх　望む、希望する、～したいと思う
хүчтэй　強い、力が強い
хүү　息子、少年
хүү　利子、利息
хүүе　おーい
хүүхэд　子供
→ хүүхдийн баяр　子供の日
→ хүүхдийн тоглоомын талбай　子供の遊び場
→ хүүхдийн цэцэрлэг　幼稚園
хүүхэлдэй　人形

хүүхэн　娘、若い女性
хэвийн　順調な、いつもの
хэвтэх　横になる
хэвээрээ　以前のまま、そのまま
хэд(эн)　いくつ、いくつの
хэддүгээр　第何の、何番目の
хэддэх өдөр　何曜日
хэдүүлээ　何人（全部で何人）
хэдхэн　たった数～、わずか数～
хэзээ(н)　いつ
хэзээ ч　決して、いつも
хэлтгий　斜めの
хэлтийх　傾く
хэлэх　言う
хэм　度（温度に関して）
хэмжээ(н)　分量
хэмээн　～と、～と言って（＝гэж）
хэн　誰
хэн нэг　誰か
хэний　誰の
Хэнтий　ヘンティー（山脈の名）
хэрвээ　もし
Хэрлэн　ヘルレン（河の名）
хэрэг　必要；事、事柄
хэрэггүй　必要ない
хэрэгжүүлэх　実行する
хэрэглэх　使う、用いる、使用する
хэрэгтэй　必要な
хэрээ(н)　カラス
хэрээр　（～の）範囲で
хэсэг　部分
хэт ягаан туяа　紫外線
хэтэрхий　極端な、極端に
хэхрэх　げっぷをする

хэцүү　難しい、困難な
хэцүүдэх　困る、大変になる
хямгач　倹約する
хямд　安い、安価な
хямдрах　（値段が）安くなる
хямрал　危機
Хятад　中国
хяхнах　キーキーきしむ

Ц

цаад　向こうの
цаана　向こう、向こう側
цаас(ан)　紙
цаг　時間、～時；時計；時代
цаг агаарын мэдээ　天気予報
цагаан　白い
цагаан идээ　乳製品
цагаан сар　旧正月
цагдаа　警察、警官
цадах　満腹する
цай　お茶
→ цайны газар　喫茶店
цайрах　白くなる
цайсаг　お茶好きな
цайх　白くなる、（夜が）明ける
цалин　給料
цамц(ан)　シャツ、セーター
цангах　のどが渇く（ам цангах の形で）
царай　顔、顔色
цас(ан)　雪
→ цас орох　雪が降る
цатгалан　満腹
цахилгаан шат　エレベーター

цоорох 穴があく
цочих びっくりする
цөл 砂漠
цөлжих 砂漠化する
цөөхөн 少ない
цуглуулах 収集する
цүнх(эн) かばん
цэвэр きれいな、清潔な
→ цэвэр ус ミネラルウォーター
цэвэрлэх そうじする、きれいにする
цэвэрч きれい好きな
цэлмэг 晴れた
цэнхэр 水色の
цэнхэр дэлгэц テレビ
цэрэг 軍隊；軍人
→ цэрэгт явах 入隊する
цэцэг 花
цээж(ин) 胸
→ цээж сайтай 記憶力のよい
цээж зураг 証明写真、上半身の写真
цээжлэх 覚える、暗記する

Ч
ч ～も（付加強調助詞）
→ ч гэсэн ～も、～でも
чадах できる
→ -ж / -ч чадах ～することができる
чадвал できれば
чалчаа おしゃべりな
чамаар 君によって
чамайг 君を

чанар 質
чанах 沸かす、煮る、ゆでる
чи 君、あなた（二人称単数に対する親称）
Чили チリ（国名）
чимхэх （指で）つまむ
чимэг 飾り
чимээ(н) 音、騒音
→ чимээ гаргах 音を立てる
чимээгүй! 静かに！
чиний 君の、あなたの
чинь 君の、あなたの
чинээ ～くらい、～の大きさ（-ын² чинээ の形で）
чих(эн) 耳
чихэвч ヘッドホン、イヤホン；耳当て
чихэр 砂糖；キャンディー
чихэрлэг 甘い
чиш! しーっ！
чөлөөт 自由な
чулуу(н) 石
чулуужих 化石化する
чухал 重要な
чухалчлах 重要視する
чухам 一体

Ш
шаагих （雨が）ザーザー降る
шаазгай カササギ
шавар 泥、ぬかるみ
→ шаварт суух 泥にはまる
шавь 弟子
шаг шаг （カササギの鳴き声）カ

シャ、カシャ
шагай シャガイ、くるぶしの骨
шагшрах （カササギが）カシャ、カシャと鳴く
шаламгай すばやい、機敏な
шалгалт 試験
→ шалгалт өгөх 試験を受ける
шалгах 確かめる、チェックする、点検する
шалтгаан 原因、理由
шар 黄色い
шар 去勢牛
шар тос バター
шар шувуу ふくろう
Шарга シャルガ（地名）
шатар チェス
→ шатар тоглох チェスをする
шахам ～近く、ほぼ～ほどの
шив дээ ～のようだね、～そうですね
шивнэх ささやく、つぶやく
шиг ～のような
шинж 徴候、気配、様子
шинж чанар 特質
шинэ 新しい；新しく
→ шинээр 新しく
ширүүн 激しい；厳しい
ширхэг かけら、一片
ширээ(н) 机、テーブル
шовгор 先のとがった
шовойх 先がとがる
шорт(он) 半ズボン
шоу ショー
шөнө 夜

шөнөжин 一晩中
шувуу(н) 鳥
шударга 正直な
шунахай 欲張りな、貪欲な
шуугих 騒ぐ
шууд 直接、すぐに
шуудан 郵便
шуурах 吹き荒れる
шуурга(н) 嵐
шүд(эн) 歯
→ шүдээ угаах 歯をみがく
шүршүүр シャワー
→ шүршүүрт орох シャワーを浴びる
шүү ～よ（聞き手に断定的に伝達する文末助詞）
→ шүү дээ ～だよ、～ですよ
шүүмжлэх 批判する
шээс(эн) 小便
шээх 小便する

Э
эвдэх こわす
эвлүүлэх 元通りにする
эвхэх 折りたたむ
эвэр 角
эгч 姉、お姉さん
эдгэх 治る、回復する
эдийн засаг 経済
эдлэл 製品
эдэнд これらに、これらの人に
эзлэх 占める
эзэмших 身につける、修得する
эзэн 主人

экскурс　団体遊覧旅行
элсэн манх(ан)　砂丘（の）
элэг（элгэн）　肝臓
→ элэг эмтрэх　ひどく心が痛む；ひどく同情する
эм　薬
эм　女；雌
эмч　医者
эмчилгээ　治療
эмчлэх　治療する
эмэгтэй　女性
эмээ　おばあちゃん
энд　ここ、ここに
энэ　これ、この
энэ жил　今年
эр　男；雄
эр эмгүй　男も女も；雄も雌も
эрвээхэй　チョウ
эргүүл　パトロール、見回り
эргэн тойрон　周り、周囲
эрдмийн зэрэг　学位
эрдэм ном　学問
эрдэм шинжилгээний　学術の
эрдэмтэн　学者
эрс　急激に、完全に
эрт　早い、早く（時間的に）
эртний　古代の、昔の
эртхэн　早めに、早く
эрүү(н)　あご
→ эрүү өвдөг нийлэх　年老いる、腰がくの字に曲がる
эрүүл мэнд　健康
эрх　権利
эрх　甘やかされた、わがままな

эрх ашиг　権益、利益
эрх чөлөө　自由
эрэгтэй　男性
→ эрэгтэй дүү　弟
эрээн　まだらな
эсэргүүцэх　[対格要求]（〜に）反対する、対抗する
эсэх　〜かどうか
эх　母、母親
эх үрсийн баяр　母子の日
эх хэл　母語
эхлэх　始まる、始める
→ -ж эхлэх　〜し始める（始動アスペクト）
эхлээд　始めに、最初に
эхнэр　妻
эхээр　初めに
ээж　母、お母さん
ээлж　交替、順番
→ ээлжээр　交替で、順番に
ээрэм　広大な

Ю
юм(ан)　もの
юм　〜である
юм уу　〜か、または...
юм чинь　〜なんだから（口語・原因表示）
Ютүб　（インターネットの）ユーチューブ
юу　何
юуны　何の

Я

яаж どうやって、どのように
яасан 何と、何て
яах どうする
яахаараа どうして
явах 行く
явдал 事、事柄、行為
явуулах 送る
явц 過程
яг ちょうど、ぴったり、まさに
ядрах 疲れる
ядуу 貧しい
ядуурах 貧しくなる

ялангуяа 特に
ялах 勝利する、勝つ
→ ялагдах 負ける、敗れる
ялгаа(н) 違い、差
ямаа(н) 山羊
ямар どんな：何と（〜だろう）
ямар〜биш дээ 何も〜じゃないよ
ямар ч байсан とにかく、いずれにせよ
яриа(н) 話
ярих 話す
→ ярилцах 話し合う
яс(ан) 骨

［日本語―モンゴル語語彙索引］
ЯПОН-МОНГОЛ ХЭЛНИЙ ҮГСИЙН ЖАГСААЛТ

あ
アイマグ（行政単位）　аймаг
会う　уулзах
青信号　ногоон гэрэл
赤字　алдагдал
あがる（上がる）　гарах
赤ん坊　нялх хүүхэд
秋　намар
開ける　онгойлгох
あごのしゃくれた　шаамий
朝　өглөө
あさって　нөгөөдөр
足　хөл
明日　маргааш
あそこで　тэнд
遊び　тоглоом
与える　өгөх
暖かくする（暖める）　халаах
頭　толгой
新しい　шинэ
あたりで　хавьд
当たる（"くじ、割り当て"など）
　таарах
穴があったら入りたい
　нүүр хийх газаргүй болох
あなた　та
あなたたち　та нар
あなたに　танд
あなたの　таны

兄（お兄さん）　ах
姉（お姉さん）　эгч
～余り　гаруй
雨　бороо
→　雨が降る　бороо орох
アメリカ　Америк
ある（いる）　байх, бий（口語的）
歩く　алхах, явах
あれ　тэр
あわてる　сандрах

い
言う　хэлэх
家　гэр
行く　явах
いくら　хэд(эн)
いくら～しても　хичнээн ～ -вч / -ч
移行する　шилжих
医者　эмч
～以上（～余り）　гаруй
いす　сандал
以前　урьд нь
忙しい　завгүй
痛む（痛くなる）　өвдөх
市場　зах
一番（最も）　хамгийн
一部の　зарим
一万　арван мянга(н)
いつ　хэзээ

一緒に　хамт
いつでも　хэзээ ч
いつも　дандаа
移動式住居（ゲル）　гэр
田舎　хөдөө
犬　нохой
→　犬が悲鳴をあげるほど暑い（焼け付くように暑い）
　нохой гаслам халуун
命　амь
今　одоо
今まで　одоо болтол
妹　эмэгтэй дүү
入れる（外から中へ）　оруулах
入れる（小さな入れ物に）　хийх
色　өнгө(н)
岩　хад(ан)
祝う　тэмдэглэх
インド　Энэтхэг

う
上　дээр
動く（作動する）　ажиллах
後ろへ下がる（バックする）　ухрах
うちの　манай, маань
宇宙　сансар
腕によりをかける　гараа гаргах
馬（去勢馬）　морь
生まれ故郷　төрсөн нутаг
生まれる　төрөх
売り場　тасаг
運転手　жолооч

え
絵　зураг
映画　кино
映画館　кино театр
英語　англи хэл
円　иен
縁起が良いと見なす　бэлэгшээх
援助　тусламж
鉛筆　харандаа

お
おいしい　амттай, сайхан
終える　дуусгах
狼　чоно
大声で　чанга дуугаар
大勢の　олон
お金　мөнгө
→　お金を貯める
　мөнгөө цуглуулах
小川　горхи(н)
起きる（起き上がる）　босох
置く　тавих
奥さん（妻）　эхнэр
行われる　болох
押し合う　шахалдах
おじいちゃん　өвөө
教える　заах
恐れる　айх
教わる　заалгах
おたくの　танай
落ちる　унах
おっしゃる　гэх
夫　нөхөр
おつり　хариулт, хариулт мөнгө

訪れる　очих
おととい　уржигдар
おととし　уржнан
驚く　гайхах
おばあさん　эмгэн
おばあちゃん　эмээ
覚えておく　санаж явах
おめでとうと言う　баяр хүргэх
おもしろい　сонин
泳ぐ　сэлэх
音楽　хөгжим
恩師　ачит багш
温度　халуун хүйтэн

か
カーテン　хөшиг
回　удаа
会員　гишүүн
会議　хурал
会社　компани
外国　гадаад
外国語　гадаад хэл
外務省　гадаад хэргийн яам
買う　авах
返す　буцааж өгөх
帰る　харих
顔色　царай
書き取る　бичиж авах
書く　бичих
描く　зурах
学者　эрдэмтэн
学生　оюутан
学生寮　оюутны байр(ан)
学長　(сургуулийн) захирал

〜ヶ月　〜сар
掛ける　өлгөх
火災　түймэр
歌手　дуучин
風　салхи
風邪を引いた　ханиадтай
家族　ам бүл
家畜　мал
家庭　айл
〜かな（〜だろうか）
　бол（疑問詞のある文末で）、
　болов уу（疑問詞のない文末で）
〜かなあ　〜бол доо（疑問詞のある文末で）
必ず　заавал
かなり　нэлээн, нэлээд
金持ち　баян
彼女　тэр
彼女の　түүний, нь
彼女を　түүнийг
かばん　цүнх(эн)
壁　хана(н)
体　бие
借りる（"お金"に関して）　зээлэх
彼　тэр
彼に　түүнд
彼の　түүний, нь
彼の家族　тэднийх
彼ら　тэд, тэд нар
彼らの　тэдний, нь
川　гол
変わった　сонин
考える　бодох
換気する　агаар солих

関して　тухай
感じられる（思われる）　санагдах
簡単な　амархан
頑張る　чармайх

き
機械　машин
聞く（尋ねる）　асуух
聞く（"意識的に"）　сонсох
儀式　ёслол
儀式用の絹布（ハダグ）　хадаг
切手　марк
切符（チケット）　билет, тасалбар
記念　дурсгал
昨日　өчигдөр
木のうっそうと茂った　саглагар
君に　чамд
君の　чиний, чинь
君の所　чам дээр
君を　чамайг
客　зочин
九　ес(өн)
九十　ер(эн)
急速に　хурдан
急に　гэнэт
給料　цалин
今日　өнөөдөр
教育実習　багшлах дадлага
教師　багш
教室　анги
競走（陸上の）　гүйлт
兄弟　ах дүү
共通特徴　нийтлэг онцлог
去勢牛　шар

去勢羊　ирэг
去勢山羊　сэрх
去年　ноднин
キログラム　килограмм
緊張する　биеэ барих

く
空気（大気）　агаар
空港　нисэх онгоцны буудал
果物　жимс
口　ам
→　口が軽い　задгай амтай
唇　уруул
靴　гутал
ぐっすり　сайхан, нам
国（国土）　орон
国（国家）　улс
配る　тарааж өгөх
〜くらい（〜ぐらい）　орчим
暮らす　амьдрах
クラスメート　ангийнхан
繰り返し　дахилт
来る　ирэх
車　машин
軍人　цэрэг
→　軍人の日　цэргийн баяр

け
軽快な　хөнгөн шингэн（年配の人に対して）
けがをさせる　гэмтээх
消しゴム　баллуур
毛むくじゃらの　бавгар
ける　өшиглөх

研究者　судлаач
建設する　барих
見聞を広める　нүд тайлах

こ
五　тав(ан)
語（言語）　хэл(эн)
高価な　үнэтэй
講義　лекц
合計　нийтдээ
子牛（1歳までの）　тугал
工場　үйлдвэр
洪水　үер
降水量　хур бороо
高速道路　хурдны зам
交替する　солигдох
高齢　өндөр настай
超える　хэтрэх
呼吸（息）　амьсгаа
国際の　олон улсын
国内外の　гадаад дотоодын
黒板　самбар
→　黒板を消す　самбар арчих
午後　үдээс хойш
ここ数年　сүүлийн хэдэн жил
ここ数年間で
　сүүлийн хэдэн жилүүдэд
ここで　энд
こちらへ　ийшээ
今年　энэ жил
言葉　үг
子供　хүүхэд
ことわざ　зүйр цэцэн үг
この　энэ

この間　эртээр
このまままっすぐ　энэ чигээрээ
コピーする　хувилах
子羊（1歳までの）　хурга
小窓　порчик
米　цагаан будаа
子山羊（1歳までの）　ишиг
古来　эртнээс нааш
これ　энэ
これを（このことを）　үүнийг
～頃に　-ын² үед
子を産む（馬に関して）　унагалах
子を産む（ラクダに関して）
　ботголох
こんな　ийм
今晩　өнөө орой
コンピューター　компьютер
コンロ　плитк

さ
～歳　～ нас, настай
再会する　дахин уулзах
最近　ойрдоо
サイズ　хэмжээ
才能のある　авьяастай
財布　түрийвч
探す　хайх
先のとがった　шовгор
昨年　ноднин
昨晩　өчигдөр орой
酒　архи
さすがに　аргагүй л
サッカー　хөл бөмбөг
→　サッカーをする

— 197 —

хөл бөмбөг тоглох
さっき　сая
さばく（屠殺する）　гаргах
寒い　хүйтэн
寒くなる　хүйтрэх
再来年　дараагийн дараа жил
三　гурав (гурван)
さん（氏）　гуай
参加する　оролцох
三十　гуч(ин)
散髪する　үс засах

し
市　хот
詩　шүлэг
〜時　цаг
幸せ（幸福）　аз жаргал
幸せに　сайхан, аз жаргалтай
塩　давс
叱る　загнах
資金援助　мөнгөн тусламж
→　資金援助を行う
　мөнгөн тусламж үзүүлэх
仕事　ажил
→　仕事に追われる
　ажилд дарагдах
辞書　толь бичиг, толь
地震　газар хөдлөлт
→　地震に遭う
　газар хөдлөлтөд өртөх
静かに！　чимээгүй!
自然災害　байгалийн гамшиг
時速〜キロのスピードで
　цагт 〜 километрийн хурдтай

下　дор
〜したいのですが　-х гэсэн юм
しっかり　сайн
〜してはいけない
　-ж / -ч болохгүй
〜してもよい　-ж / -ч болох
辞典　толь бичиг
児童　хүүхэд
〜しなければならない（〜する必要がある）　-х хэрэгтэй
自分で　өөрөө
資本　хөрөнгө
島　арал
占める　эзлэх
社会　нийгэм
社会主義社会　социалист нийгэм
写真　зураг
→　写真を撮る　зураг авах
社長　дарга
十　арав (арван)
収集する　цуглуулах
就職する　ажилд орох
修理する　засах
授業　хичээл
宿題　(гэрийн) даалгавар
首相　ерөнхий сайд
主食　гол хоол
出席する　суух
小学校　бага сургууль
定規　шугам
上手な　сайн
→　〜するのが上手な　-хдаа[4] сайн
消息　сураг чимээ
消費税　худалдааны татвар

将来　цаашдаа
食事　хоол
→　食事をする　хоол идэх
食器　сав суулга
女優　(эмэгтэй) жүжигчин
尻　бөгс
知り合う　танилцах
知る（人に関して）　таних
知る（物に関して）　мэдэх
白い　цагаан
人口　хүн ам
新車　шинэ машин
審判　шүүгч
新聞　сонин
森林　ой(н)

す

数〜　хэдэн 〜
スーツケース　чемодан
数年前　хэдэн жилийн өмнө
スキー　цана
好きな　дуртай
→　〜が好きな　-д дуртай
救う　аврах
→　救われる　аврагдах
少ない　бага
スケート　тэшүүр
少し　жаахан
少しも〜ない　жаахан ч 〜 гүй
すっかり忘れる　таг мартах
すでに　нэгэнт
すばらしい　сайхан
すべての　бүх, хамаг
住む（暮らす）　амьдрах

する　хийх
する（〜にする）　болгох
する（盗む）　суйлах
〜すべきである　-х ёстой
ズボン　өмд
〜することができる（間に合って〜する）　-ж амжих
〜するつもりである　-х санаатай
〜するな　бүү 〜
〜すればよろしい　-вал⁴ дээр
座る　суух

せ

〜世紀　-дугаар² зуун
税関　гааль
税金　татвар
生徒　сурагч
政府　засгийн газар
世界　дэлхий
背が高い　өндөр
赤十字社　улаан загалмайн нийгэмлэг
千　мянга(н)
先月　өнгөрсөн сар
先週　түрүүчийн долоо хоног
→　先週の日曜日　түрүүчийн бүтэн сайн өдөр
先生　багш

そ

総〜　нийт
草原　тал
〜そうです　〜 гэнэ
〜そうですね（〜ようだね）

～ шив дээ
育てる өсгөх
卒業する төгсөх
外（外で）гадаа
ゾド（冬の雪害）зуд
空 тэнгэр
それ тэр
それで тэгээд

た
大学 их сургууль
太鼓 бөмбөр
大丈夫 гайгүй
体操 гимнастик
台風 далайн хар салхи
大部分の ихэнх
太平洋 Номхон далай
太陽 нар
互いに бие биедээ
宝くじ（хонжворт）сугалаа
たくさん олон
タクシー такси
～だけ ～л
～だけでなく -аар^4 барахгүй
足す（プラスする）нэмэх
助ける（手伝う）туслах
立つ зогсох
～だったっけ（～だったかな）
　билээ（疑問詞のある文末で）、
　билүү（疑問詞のない文末で）
建物 байшин барилга
建てる барих
種羊 хуц
→ 種羊にする хуц тавих

食べる идэх
たまに хааяа
タマネギ сонгино
誰 хэн
誰と хэнтэй
誰の хэний
誰のもの хэнийх
単語 үг
誕生日 төрсөн өдөр

ち
小さい頃から багаасаа
知恵 оюун
～近く шахам
近づく ойртох
地図 газрын зураг
地方 нутаг
中学校 дунд сургууль
中国 Хятад
中心 төв
調整する тохируулах

つ
つい昨日 өчигдөрхөн
ついさっき дөнгөж сая
ついて（関して）тухай
疲れる ядрах
着く хүрэх
作る хийх
作る（創作する）зохиох
勤める ажиллах
常に үргэлж
妻 эхнэр

て
手　гар
停電になる　ток тасрах
デール（モンゴル民族衣装）　дээл
できる（よろしい）（許可の意で）
　болох
→　〜することができる（〜してもよ
　ろしい）　-ж / -ч болох
できる（可能の意で）　чадах
→　〜することができる
　　-ж / -ч чадах
手首　бугуй
〜でしょ？　〜 биз дээ
〜でしょう（〜だろう）　〜 байхаа
手伝う　туслах
出る　гарах
テレビ　зурагт
→　テレビを見る　зурагт үзэх
天気　тэнгэр
電器店
　　цахилгаан барааны дэлгүүр
テント　майхан
電話番号　утасны дугаар

と
どうする　яах
道中　аян замдаа
どうも〜ない　нэг л 〜 гүй
時には　хааяа
独習する　өөрөө үзэх
特別な　онцын, онц
どこ　хаана
どこの（どこ行きの）　хаанахын
ところが　гэтэл, харин ч

〜年　〜 жил（指示代名詞、年号以
　外の数詞に付して）
都市　хот
図書館　номын сан
戸棚　шкаф, шүүгээ
土地　газар
どちらへ（どこへ）　хаашаа
とても　их
どの　аль
跳ぶ　харайх
泊まる　хонох
友となる　нөхөрлөх
鳥　шувуу
取る　авах
撮る（写真を）　(зураг) авах

な
ナーダム　наадам
ない（いない）　алга
中　дотор
流れる　урсах
泣く　уйлах
なくす（失う）　алдах
亡くなる　нас барах
投げる　шидэх
なぜ　яагаад
夏　зун
→　夏休み　зуны амралт
など　зэрэг
何　юу
何の　юуны
名前　нэр
なる（状態・変化に関して）　болох
なる（年齢に関して）　хүрэх

— 201 —

南西　баруун өмнө
〜なんですよ（〜なんだよ）
　〜 байхгүй юү
何と（何て）　яасан, ямар
南東　зүүн өмнө
何日　хэдэн, хэдний өдөр
何人（全部で何人）　хэдүүлээ

に
肉　мах
2歳馬　даага
西　баруун
虹　солонго
二十　хорь (хорин)
日　өдөр, хоног
日曜日　бүтэн сайн өдөр
日本語　япон хэл
日本人たち　япончууд
荷物　ачаа
乳製品　цагаан идээ

ぬ
縫う　оёх
盗まれる　хулгайд алдах

ね
〜ね　〜 даа⁴
値上がりする（上がる）
　(үнэ) нэмэгдэх
熱　(биейн) халуун
→　熱がある　халуунтай
→　熱を計る　халуунаа үзэх
眠る（寝る）　унтах
〜年　〜 он（年号に付して）

の
〜の間　-ын² хооронд
ノート　дэвтэр
〜のせいである　-аас⁴ болох
望む　хүсэх
〜ので　учраас
のど　хоолой
〜のに　мөртлөө
延びてできる　сунаж тогтох
登る　авирах（-д авирах の形で）
〜のようである　〜 юм шиг байна

は
パーセント（％）　хувь
入る　орох
量る　жигнэх
拍手する　алга ташиx
はさみ　хайч
橋　гүүр
始まる　эхлэх
初めに　эхээр
始める　эхлэх
走る　гүйх
〜はずだよ（〜じゃないの）
　〜 байлгүй дээ
バス　автобус
八十　ная(н)
発生する（出る）　гарах
鼻　хамар
話　яриа
話す　ярих
離れる　-аас⁴ гарах
馬乳酒　(гүүний) айраг
歯の突き出た（出っ歯の）　дорсгор

— 202 —

母（お母さん）　ээж
春　хавар
晩　орой
半分　хагас

ひ
被害を受ける
　хохирох, хохирол амсах
東　зүүн
ピクニックに行く　зугаалганд явах
飛行機　онгоц
非常に　маш
引っ越す（移る）　нүүх
羊　хонь
ひでり状態の（やや干ばつ状態の）
　гандуу
人　хүн
→　人たち　хүмүүс
ひどく甘やかす
　алган дээрээ бөмбөрүүлэх
一人だけの（唯一の）　ганц
一人で　ганцаараа
暇　зав
→　暇がない　зав гарахгүй
暇な　завтай
百万　сая
病院　эмнэлэг
びり（最下位）　баян ходоод（主に２歳馬の競馬で）
昼間　өдөр
広場　талбай

ふ
部（部分）　хэсэг

ふくろう　шар шувуу
舞台　тайз(ан)
双子　ихэр
二人とも（二人で）　хоёулаа
冬　өвөл
冬用の食肉　өвлийн идэш
プレゼント　бэлэг
風呂に入れる　усанд оруулах
文　өгүүлбэр
文化　соёл

へ
ページ　хуудас (хуудсан)
ベッド　ор(он)
ベランダ　балкон
ペン　үзэг
勉強する　сурах, хичээл хийх

ほ
方向　зүг
豊作　ургац сайтай
帽子　малгай
放牧する　маллах
訪問する　айлчлах
頬　хацар
ホーミー　хөөмий
他に　өөр
北西　баруун хойт
北東　зүүн хойт
ポケット　карман
母国　эх орон
細長い　гонзгой
ホテル　зочид буудал
ほとんどの（大部分の）　ихэнх

本　ном
本当　үнэн
本当に（まさに）　ёстой, үнэхээр
翻訳する　орчуулах

ま

毎〜　〜бүр
マイナス　хасах
毎日　өдөр бүр
前　өмнө
→　前から　өмнөөс
前に　урагшаа
まさか〜でない　арай 〜 биш
町　хот
孫　ач зээ
→　孫たち　ач зээ нар
待つ　хүлээх
まつ毛　сормуус
全く〜でない　огт 〜 гүй
全くそっくりな　ав адилхан
までに　〜 гэхэд
間もなく　удахгүй
真夜中　шөнө дунд
万　арван мянга(н)

み

水　ус
店　дэлгүүр
見せる　үзүүлэх
〜みたい　〜 юм шиг
道　зам
皆で（みんなで）　бүгдээрээ
見舞われる　(-д / -т) автагдах
ミルク　сүү

民主主義社会
　　ардчилсан нийгэм
民族の　үндэсний
→　民族料理　үндэсний хоол
みんな　бүгдээрээ

む

向かう　(-д) хандах
蒸し肉まん　бууз
息子　хүү
娘　охин
胸　цээж

め

目　нүд
名簿　нэрсийн жагсаалт
雌馬　гүү
雌ラクダ　ингэ
珍しい　ховор
メロディー　аялгуу

も

蒙古斑　хөх толбо
木曜日
　　дөрөвдэх өдөр, Пүрэв гариг
持っていく　аваад явах
持ってくる　авчрах
戻ってくる　буцаж ирэх, ирэх
戻る　буцах
物　юм
もらう　авах
モンゴル人たち　монголчууд

や
山羊　ямаа
野菜　ногоо
安くなる　хямдрах
休み　амралт
休む　амрах
痩せこけた　чөрдгөр
山がちな　уулархаг
やめる　болих

ゆ
夕食　оройн хоол
郵便局　шуудан
雪　цас
→　雪が降る　цас орох
輸送　тээвэр
夢に思う　зүүдлэх

よ
～よ　～шүү
ヨーグルト　тараг
よく～でない　сайн～гүй
横切る　хөндлөн гарах
呼ぶ　дуудах
読む　унших
予約　захиалга
～よりも（～に比べて）　-ыг^2 бодвол
四　дөрөв (дөрвөн)

ら
来月　ирэх сар
来年　ирэх жил
ラッキーな　азтай
ラッパ　бүрээ

り
両親　аав ээж
領土　нутаг дэвсгэр
料理（食事）　хоол
旅行者　жуулчин
→　旅行者たち　жуулчид

る
留守番をする　гэрээ сахих

れ
冷凍の　хөлдүү
歴史　түүх
レシート　тасалбар
レストラン　ресторан
練習　дасгал

ろ
ロウソク　лаа
労働者　ажилчин
ロシア語　орос хэл
論文　өгүүлэл

わ
若者　залуу
わかる　ойлгох, мэдэх
忘れる　мартах
私　би
私たち　бид, бид нар
渡してもらう　өгүүлэх
私の　миний, минь
私の家族　манайх
笑う　инээх
悪い　муу

練習問題の解答（ХАРИУЛТ）

第1課

A.1

1.1
1. бэ（あの人は誰ですか）
2. юу（これは鶴ですか）
3. вэ（その物は何ですか）
4. уу（これはくしですか）
5. үү（それはブドウですか）
6. юу（あれはラクダですか）
7. үү（これはかばんですか）
8. уу（それはアーロール（乾燥凝乳）ですか）
9. юу（これは帽子ですか）
10. юу（あれは雌牛ですか）
11. вэ（誰のお母さんですか）
12. бэ（何を読みましたか）

1.2
1. хаана（モンゴル国はどこにありますか）
2. аль（あなたはどの地方から来ましたか）
3. ямар（君はどんな動物が好きですか）
4. хэдэн（ここに何回花を植えますか）
5. аль（この2つのどちらが良いですか）
6. юу（君は何と答えましたか）
7. хэн（あの背の高い人は誰ですか）
8. хэзээ（授業はいつ始まりますか）
9. хаана（靴売り場はどこにありますか）
10. хэзээ（今年、旧正月はいつですか）
11. хэн（その人の氏名は何ですか）
12. юу（あなたは私に何を言いたいんですか）
13. хэдэн（あさっては何日ですか）
14. ямар（今日、天気はどうですか）

— 206 —

A.2

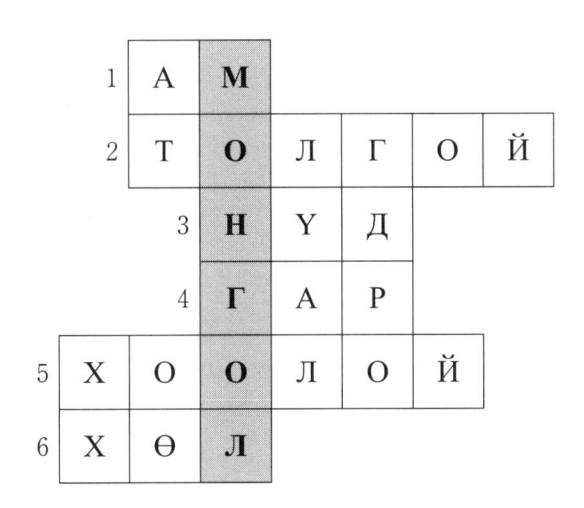

1	А	**М**				
2	Т	**О**	Л	Г	О	Й
		3	**Н**	Ү	Д	
		4	**Г**	А	Р	
5	Х	О	**О**	Л	О	Й
6	Х	Ө	**Л**			

答　　МОНГОЛ　　（　モンゴル　）

B.1

（全訳）

　私は小さい時オブス県からオラーンバートルに来ました。今18歳です。大学で勉強しています。私は歴史の本を読むのが好きです。うちのお兄さんは去年大学を卒業しました。うちのお姉さんはつい最近結婚しました。うちの両親はアーロール（乾燥凝乳）を作るのが好きです。

（問い）

аль, бэ　（私は小さい時<u>ど</u>の県からオラーンバートルに来ました<u>か</u>）
хэдэн, вэ　（今何歳です<u>か</u>）
Хаана, вэ　（<u>どこで勉強していますか</u>）
ямар, вэ　（私は<u>どんな</u>本を読むのが好きです<u>か</u>）
Хэн, бэ　（うちの<u>誰が</u>去年大学を卒業しました<u>か</u>）
хэзээ, бэ　（うちのお姉さんは<u>いつ</u>結婚しました<u>か</u>）

— 207 —

юу, вэ （うちの両親は<u>何</u>をするのが好きです<u>か</u>）

B.2

2.1
1. Тэр багш <u>уу</u>, оюутан <u>уу</u>?
2. Тэр чиний харандаа <u>юу</u>?
3. Та маргааш явах <u>уу</u>, нөгөөдөр явах <u>уу</u>?
4. Энэ юуны мах <u>вэ</u>?
5. Тэр ногоо <u>юу</u>, жимс <u>үү</u>?
6. Энэ толь бичиг хэнийх <u>вэ</u>?
7. Тэд хотод амьдардаг <u>уу</u>, хөдөө амьдардаг <u>уу</u>?
8. Би танд өчигдөр үүнийг хэлсэн <u>үү</u>, үгүй <u>юу</u>?
9. Та япон хэлээр сайн ярьдаг <u>уу</u>?
   （〜 Та японоор сайн ярьдаг <u>уу</u>?）
10. Та нар хаашаа явах гэж байна <u>вэ</u>?

2.2
1. Чиний төрсөн өдөр <u>хэзээ</u> вэ?
2. Бид (нар) өнөө орой <u>юу</u> идэх вэ?
3. Таныг <u>хэн</u> гэдэг вэ?
   （〜 Таны нэрийг <u>хэн</u> гэдэг вэ?
   　〜 Таны нэр <u>хэн</u> бэ?）
4. Энэ <u>хаанахын</u> автобус вэ?
5. Та <u>хэдэн</u> настай вэ?
6. Тэр <u>аль</u> банканд ажилладаг вэ?
7. Та <u>ямар</u> өнгөнд дуртай вэ?

第2課

A.1

1.1
1. миний （それは私の鉛筆です）
2. чинь （君のお兄さんは先生ですか）
3. минь （私の母はとても親切です）
4. нь （彼のお父さんは来たらしい）
5. чинь （君のお姉さんは仕事に就きましたか）
6. чиний （これは君のコンピューターですか）
7. минь （私のおじいちゃんは年金生活に入りました）
8. Миний （私のおばあちゃんはいつも編み物をしています）
9. нь （彼の息子は外国から帰ってきたそうです）
10. Түүний （彼の弟は有名な作家ですよ）
11. чиний （バルダンは君の親戚なのですか）
12. түүний （その女性は彼の恩師です）

1.2
1. ээж （あの人はあなたのお母さんですか）
2. дүү （彼の弟／妹は田舎に住んでいます）
3. ах, эгч （明日、私の兄と姉が戻ってきます）
4. охин （君の友達の姉さんをジャルガルと言いますか）
5. аав （ニャムさんはあなたのお父さんですか）
6. хүү （あの走っている子供はおたくの息子さんでしたっけ）
7. Эрэгтэй дүү （君の弟はどこで働いていますか）
8. авгай （トゥムルの奥さんはとても客をよくもてなす人ですね）
9. нөхөр （これをうちの夫が買ってくれたのです）
10. эхнэр （私の弟の妻は通訳しています）
11. Эмэгтэй дүү （うちの妹は英語が上手に話せます）

A.2

		1	Э	Э	Ж	
			2	X	Y	Y
	3	O	X	И	H	
			4	Э	Г	Ч
5	H	Ө	X	Ө	P	

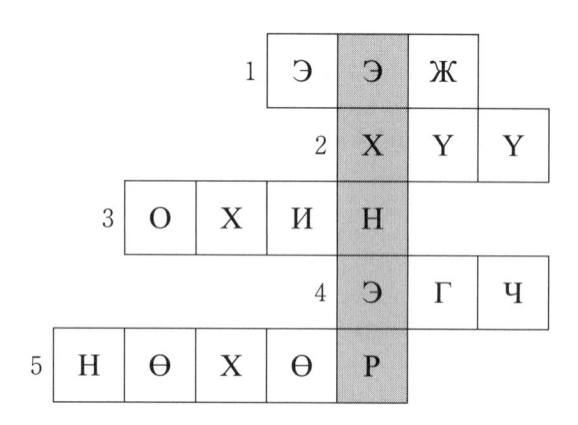

答　　ЭХНЭР　　（ 妻 ）

B.1

1.1

1. **чиний**（「私の今日の宿題はとても難しい。早く帰ろう。ねえ、君の宿題はどうなの」）
2. **чинь, Манай**（ボルドは私に「君のおじいちゃんは何歳ですか」と尋ねた。私は「うちのおじいちゃんは八十過ぎで、遅くまでテレビでニュースを見ます」と言った。私のおじいちゃんは私のことが大好きです）
3. **Тэдний, нь**（バータルとツェツゲーは年金生活者です。彼らの子供たちは皆仕事をしています。孫たちも大きくなりました）
4. **минь, Танай**（私たちの家は学校にとても近いですが、私の友達の家は学校から遠いです。読者の皆さん、おたくの家は学校に近いですか）

1.2

аав, ээж, Эгч, Ах, дүү, эмэгтэй дүү, Эрэгтэй дүү, Эмээ, Өвөө

（全訳）

私の家族

うちは家族が大勢です。私は18歳です。うちの<u>父</u>は49歳です。一方、<u>母</u>は46歳です。うちの<u>姉</u>は大学で学んでいます。<u>兄</u>も学生です。現在20歳です。<u>下の2人の兄弟</u>は中学校で勉強しています。私たちの一番下が<u>妹</u>です。弟と私は毎日相撲を取ります。うちの<u>おばあちゃん</u>は高齢ですが、毎朝早く起き、お茶を沸かします。<u>おじいちゃん</u>は毎日チェスをします。今年73歳です。

B.2

2.1

1. Ээж <u>минь</u> өндөр настай.
2. <u>Түүний</u> хийдэг хоол их амттай.
3. <u>Манай</u> хүүхэд ном унших дуртай.
4. Царай <u>чинь</u> их муу байна.
5. Би номыг <u>нь</u> уржигдар буцааж өгсөн.
6. Чи <u>миний</u> номыг хаана тавьсан бэ?
7. Аав ээж <u>маань</u> хөдөө мал малладаг.
8. <u>Чиний</u> үзгийг сая хүн аваад явсан шүү.

2.2

1. <u>Эмээ</u> маань ноднин хавар Америк явсан.
2. Танай <u>хүү охин</u> хоёр ихэр үү?
3. Түүний <u>эмэгтэй дүү</u> жүжигчин гэж үнэн үү?
4. <u>Ах</u> эгч нь хоёулаа их сургуулийн багш.
5. <u>Аав ээж</u> чинь хэзээ хөдөөнөөс ирсэн бэ?
6. Баатарын <u>эхнэр</u> үндэсний хоол хийхдээ сайн.
7. Тэдний <u>өвөө</u> өглөө бүр зургаан цагт гимнастик хийдэг.
8. Манай <u>ач зээ</u> нар зун голд сэлэх дуртай.

— 211 —

第3課

A.1

1.1
1. Гурилаар （小麦粉でどんな食事を作ることができますか）
2. гурилтай （これを小麦粉と一緒に煮たらおいしいよ）
3. гурилын （その工場の小麦粉の質はもっとよくなりました）
4. гурилаас （たくさんの小麦粉からこれを選びました）
5. гурилыг （この小麦粉を買いたくありません）
6. гурил （あなたたちの主食は小麦粉ですか、米ですか）
7. гурилд （私はこのような味の小麦粉が好きではありません）
8. Аав （うちの父は旅行に行ってきました）
9. аавын （これは父の作った歌詞です）
10. аавд （このシャツは父にぴったり合います）
11. аавaac （昨日父から手紙を受け取りました）
12. аавaap （うちの父にモンゴル語を教わった子供は多い）
13. аавтай （スフさんはうちの父と一緒に働いています）
14. аавыг （台所から母は父を呼びました）

1.2
1. ирье （私の友達は自分の故郷に行ってこようと言いました）
2. өгөхгүй юу （あなたは私にそれを取ってくれませんか）
3. түүгээрэй
   （今日私たちにアルガル（乾燥牛糞）を拾いなさいと言いましたよ）
4. ууна уу
   （熱いお茶をどうぞお飲み下さいと言って、私たちについでくれました）
5. мэдэлгүй яах вэ
   （モンゴル国がどこに位置しているのか、もちろん知っています）
6. суугаарай （今度の会議に必ず出席して下さい）
7. бололгүй яах вэ （ここでもちろん写真を撮ってもいいです）
8. орохгүй юм уу （君は今シャワーを浴びないのですか）
9. явъя （私たちはもう行きましょうね）
10. бичнэ үү （遅れてきた人たちはその紙に名前をどうぞお書きください）

A.2

	1	2	3	4	5	6	7
1	Б	У	У	З			
2	А	Й	Р	А	Г		
3	С	О	Н	Г	И	Н	О
4			М	А	Х		
5				С	У	У	

答　___загас___　（魚）

B.1

1.1
Муужгай, Муужгайд, Муужгайг, Муужгайгаас,
Муужгайтай, Муужгайн, Муужгайгаар

（全訳）

　　　　　　　　　　　　猫

　うちの猫を「モージガイ」と言います。モージガイはとてもかわいい。私たちはみんなモージガイが大好きです。誰もモージガイを叱りません。私はモージガイ以外の動物を飼ったことがありません。私はモージガイと遊ぶのが好きです。うちは月に一度モージガイのえさを店で買います。もしうちにネズミが現れたらモージガイに捕まえてもらおうと思っています。

1.2
тавина уу, тавиарай, тавья, тавихгүй юу, Тавилгүй яах вэ

— 213 —

(全訳)

А: 私の机をちょうどここにどうぞ置いて下さい。

Б: いや、君はさっきその隅に置いて下さいと言ったでしょ？

А: そうねえ。でも、今ここに置こうと思っています。

Б: 本当に君はその隅に自分の机を置きませんか。

А: いいえ。そこに物を置いてはいけないと言ったの。

Б: もちろん置けますよ。誰がそう言ったんですか。

В.2

2.1

1. Долгор маргааш хөдөөнөөс ирнэ.
2. Үүнийг харандаагаар бичээрэй.
3. Түүнд монгол хэлний толь бичиг байна уу?
4. Энэ хоёр өгүүлбэрийг холбож нэг өгүүлбэр болго.
5. Энэ ном, үзэг, дэвтрийг тэр цүнхэнд хийгээрэй.
6. Тэр эмгэн энэ хавьд хамгийн өндөр настай.
7. Чи энэ зуны амралтаар хэнтэй хаашаа явсан бэ?
8. Манай ах ааваас жаахан өндөр.
9. Тэр хүн ах дүү хэдүүлээ вэ?
10. Бид Болд багшид баяр хүргэсэн.
11. Би түрүүчийн бүтэн сайн өдөр Цэцгээтэй хамт кино үзсэн.
12. Та энэ газрын зургийг хананд өлгөөрэй.
13. Энэ шүлгийг хэнээр уншуулах вэ?
14. Баатарын сандлын дор баллуур унасан байна.

2.2

1. Та тэр давсыг аваад өгөхгүй юу?
2. Үдээс хойш гадаа хөл бөмбөг тоглоё.
3. Та ийшээ орно уу?
4. Аян замдаа сайн яваарай.
5. Энэ тухай чамд зааж өгч бололгүй яах вэ.
6. Та энэ сандалд сууна уу?

7. Өнөө орой хоёулаа рестораны хоол идь<u>е</u>.
8. Чи өнөөдөр хичээлд суух<u>гүй юм уу</u>?
9. Энэ ажлыг маргааш орой гэхэд дуусг<u>аарай</u>.
10. Ийм амархан даалгаврыг ганцаараа хийж чада<u>лгүй яах вэ</u>.

第4課

A.1

1.1

1. уналаа （君の机の上にある茶碗が落ちそうですよ、取って下さい）
2. санадаг （君は遠くへ行く時、ホームシックになりますか）
3. бичиж байна
   （私たちはちょうど今、例のアンケートに記入しています）
4. цээжилсэн
   （私たちは昨日の外国語の授業から多くの新しい単語を覚えました）
5. бичнэ
   （サムダンは必ず書くと言っていた本をつい昨日書き終えたそうです）
6. авлаа （カメラマン：注意して下さい。はい、撮りますよ。結構です）
7. нүүсэн （彼の家族はつい最近、冬営地に移動しました）
8. ярьдаг （あなたたちの中で、モンゴル語で話す人はいますか）
9. уулзана （太郎は自分の友達と会うと言って朝早く出かけました）
10. сонсч байна （君は勉強していますか、ラジオを聞いていますか）

1.2

1. ерэн （大学で1コマの授業は90分です）
2. Мянга есөн зуун дөчин таван
   （1945年に第二次世界大戦が終わりました）
3. арван хоёр （この子供の体重は12キログラムですよ）
4. гурван сая （モンゴル国の人口は300万足らずですって？）
5. зуун далан гурван （君の身長は173cmです）
6. мянга хоёр зуун зургаан
   （チンギスハーンは1206年に大モンゴル国を建てました）

7. Мянга найман зуун дөчин
   (1840年に世界で最初の切手が発行されました)
8. гучин дөрвөн　(朝方はマイナス34度あるようです)

A.2

1	**Н**	А	Р	
2	Ц	**А**	С	
3	Т	**А**	Р	А	Г
4		Д	Э	Э	Л
5	Т	**А**	Л	
6		**М**	О	Р	Ь

答　　　наадам　　　(　ナーダム [毎年7月11日に行われる国民の祭典])

B.1

1.1
босдог, боссон, чанана, явна, бэлтгэсэн, барьдаг, унтаж байна, орлоо, болж байна, унтлаа

(全訳)
　私の家族は毎朝早く起きます。しかし、私は今日遅く起きました。母は明日はもっと早く起きて、お茶を沸かすと言いました。なぜなら、私たちは明日旅行に行くからです。私たちは持っていく物をすべて準備しました。遠くへ出か

けるたびに兄が車を運転します。姉と私以外の他の人は、みんな今寝ています。でも、姉は「私はお風呂に入りますよ」と言ったのに、電話でずっと話しています。今ちょうど晩の11時です。私ももうそろそろ寝ます。

1.2

мянга хоёр зуун хорин есөн（1229），
Мянга есөн зуун хорин нэгэн（1921），
мянга гурван зуун тавин（1350），
нэг сая зуун мянган（1100000），
жаран тав（65），
арван найман（18），
мянга есөн зуун далан хоёр（1972）

（全訳）
　チンギスハーンの息子オゴデイは1229年に即位しました。1921年にモンゴルで人民革命が勝利しました。モンゴル国の首都オラーンバータルは海抜1350メートルの高さに位置しています。オラーンバータル市は1100000の人口です。モンゴル人の平均寿命は65歳です。モンゴル国民はすべて18歳になると選挙で投票する権利（選挙権）を得ます。モンゴル・日本両国の間で1972年に外交関係を樹立しました。

B.2

2.1

1. Чи одоо явлаа юу?
2. Үүнийг монголоор юу гэдэг вэ?
3. Та яагаад ийм үнэтэй юм авсан бэ?
4. Би удахгүй гучин нас хүрнэ.
5. Манай нялх хүүхэд орон дээр сайхан унтаж байна.
6. Ноднин намар Монголд монгол хэлний шинэ толь гарсан гэнэ.
7. Бид одоо гадаадад сайхан амьдарч байна.
8. Та нар одоо унтлаа юу?
9. Дараагийн дараа жил худалдааны татвар нэмэгдэнэ гэнэ.

10. Жил бүр гадаадаас хэдэн арван мянган жуулчид Монголд оч<u>дог</u>.

2.2
1. Энэ тухай багш чи бид <u>гурав</u> л мэднэ.
2. Гадаа маш хүйтэн, хасах <u>хорин дөрвөн</u> хэм байна.
3. Бид маргааш <u>есөн</u> цагаас <u>арван таван</u> цаг хүртэл хичээлтэй.
4. Манай гэрийн утасны дугаар <u>дөчин тав</u>, <u>арван найм</u>, <u>хорин ес</u>.
5. Та нар <u>мянга есөн зуун наян зургаан</u> онд төрсөн юм уу?
6. Тэр хүн сард <u>гурван зуун хорин мянган</u> иений цалин авдаг гэнэ.

第5課

A.1

1.1
1. эмч нар　（医師たち）
2. амьтад　（動物たち）
3. баячууд　（金持ちたち）
4. шавь нар　（弟子たち）
5. зорчигчид　（乗客たち）
6. бичгүүд　（書類［複数の］）
7. өрөөнүүд　（部屋［複数の］）
8. настайчууд　（老人たち）
9. авианууд　（音声［複数の］）
10. жүжигчид　（俳優たち）
11. нялхас　（赤ん坊たち）
12. судлаачид　（研究者たち）
13. жилүүд　（年［複数の］）
14. нэрс　（名前［複数の］）

1.2
1. Чи саяхан шинээр гарсан номыг ав<u>маар байна</u> уу?
(君はつい最近新しく出た本を買いたいですか)

2. Өнөөдөр яасан халуун өдөр <u>вэ</u>.
(今日は何と暑い日だろう)

3. Манайхаас охин маань <u>л</u> багш хийдэг.
(私の家族のうち娘だけが先生をしています)

4. Би Америк явж, олон улсын хуралд эрдэм шинжилгээний илтгэл тавих <u>гэсэн юм</u>.
(私はアメリカに行って、国際会議で研究発表をしたいのですが)

5. Жил бүр зургадугаар сарын нэгэнд эх үрсийн баярыг тэмдэглэдэг.
(毎年6月1日に母子の日を祝います)

6. Би хүнсний дэлгүүрээс идэж уух юм ав<u>маар байна</u>.
(私は食料品店で飲食物を買いたいです)

7. Тэр эмэгтэй жүжигчин яасан урт үстэй юм <u>бэ</u>.
(あの女優は何て髪が長いのでしょう)

8. Дорж гуай өдөр бүр хонио <u>л</u> хариулдаг бололтой.
(ドルジさんは毎日羊だけを放牧しているようです)

Дорж гуай <u>л</u> өдөр бүр хонио хариулдаг бололтой.
(ドルジさんだけが毎日羊を放牧しているようです)

9. Боломжтой бол бид энэ DVD-ийг танай компьютерээр үзэх <u>гэсэн юм</u>.
(可能なら私たちはこのDVDをおたくのコンピューターで見たいのですが)

注) 特に энэ DVD-ийг / танай компьютерээр の2つは、順序が逆でも可。

10. Манайх чинь арван наймдугаар байрны хоёрдугаар давхарт байдаг шүү дээ!
(私の家は18棟の2階にあるんだよ)

A.2

			1	**T**	A	T	B	A	P
		2	M	**Ө**	Н	Г	Ө		
	3	T	A	**C**	A	Г			
4	Д	Э	Л	**Г**	Y	Y	P		
		5	X	**Ө**	P	Ө	Н	Г	Ө
		6	Б	**Э**	Л	Э	Г		

答　　　TӨГРӨГ　　　(トグルグ［モンゴル国の貨幣単位］)

B.1

1.1
нууруунууд, уулнууд, далайнууд,
мөрнүүд, нууруууд, уснууд

（全訳）
　　　　わが故郷
ヘンティー、ハンガイ、サヤーンの高く美しい<u>山脈</u>
北方の飾りとなった大森林の<u>山々</u>
メネン、シャルガ、ノミンの広大なゴビ
南方の前面となった砂丘の<u>海原</u>
　　これはわが生まれ故郷
　　モンゴルの美しい国
ヘルレン、オノン、トールの澄んだ清い<u>大河</u>
万民の薬となった小川、泉、鉱泉
フブスグル、オブス、ボイルの深く青い<u>湖</u>

人畜の飲料となった沼沢や泉の水
　これはわが生まれ故郷
　モンゴルの美しい国

1.2
яах гэсэн юм, тогломоор байна, вэ, хиймээр байна, л, яасан, л, үзэх гэсэн юм, хэддүгээр, Арван хоёрдугаар

（全訳）
兄：おまえはコンピューターをつけてどうしたいんだい。
弟：僕は少しゲームをしたい。
兄：何？おまえはついさっき宿題をしたいと言って、この部屋に入ったんだろ。
弟：そうだよ。でも、僕は一回だけゲームがしたい。お兄さん、そうしていい？
兄：今じゃなくて、今度にしなさい。おまえは何て勉強が嫌いな子供だろう。
弟：いいえ、本当に好きだよ。でも、新しく出たこのゲームをやってみたいんです。
兄：もうすぐ休みになるだろ？そのとき、したらどうだい。
　何月に休みになるんだっけ。
弟：12月です。

B.2
2.1
1. Дэлхийн зарим орнуудад хүүхдүүд багаасаа ажил хийж байна.
2. Манай компанийн дарга нар ажилчдын цалинг жаахан ч нэмэхгүй гэсэн.
3. Энэ удаагийн олон улсын хуралд гадаад дотоодын олон эрдэмтэд, судлаачид, багш нар, оюутнууд оролцож байна.
4. Энэ орны ихэнх залуучууд баячууд шиг амьдрахыг их хүсдэг гэнэ.
5. Шинэ нэрсийн жагсаалтыг гишүүдэд тарааж өг.

2.2
1. Би танаас мөнгө зээлэх гэсэн юм.
2. Чи ямар гадаад хэл сурмаар байна вэ? Англи хэл үү, японхэл үү?
3. Түүнд сугалаа таарсан гэнэ. Яасан азтай хүн бэ.
4. Би өчигдөр зурагт л үзсэн. Өөр онцын юм юу ч хийгээгүй.
5. Энэ түүхийн номын зуун гучин наймдугаар хуудсанд монголын тухай бичсэн байна.

第6課

A.1

1.1
1. **-ж** （夜が明けて朝となった）
2. **-тол** （私たちが行くまで待っていなさい）
3. **-вч** （外は寒くても中は暖かい）
4. **-нгээ, -вал**
   （携帯電話でメールを書きながら自転車に乗れば事故に会う危険性があります）
5. **-саар** （私はこの本を探し続けて、やっと見つけました）
6. **-аад** （私はちょっと退出してきます）
7. **-н** （彼はびっくりして跳び上がった）
8. **-хлээр** （子供たちよ、羊が戻ってきたら水をやるんだよ）
9. **-магц** （雪片が落ちるやいなや溶けていた）
10. **-бал** （君は例の本を私から借りるなら借りなさい）
11. **-ч** （花の上を一対のチョウが飛んでいます）
12. **-саар** （彼らは富士山に登り続け、ほぼ頂上に到着間近でした）
13. **-вч**
    （この歌をたとえ何度聞いても、歌詞を覚えることができないままです）
14. **-ээд** （目が覚めて見てみると、時間は遅くなってしまっていた）
15. **-хлаар**
    （おばあちゃんが田舎へ行ったら、私たちはとても寂しくなるだろうね）

16. -н （遅れるかもと思って、時計を何度も見ながら走った）
17. -нгоо
   （私たちのグループのリーダーは、ギターを弾きながら歌を歌います）
18. -мөгц
   （ゴトブとドンガルマーは、大学を卒業するやいなや結婚するよう取り決めた）
19. -тэл （私はこちらに来るまで非常に忙しかったです）

1.2

1. өчигдөр, маргааш
   （私の二人の友達は、昨日、一日中チェスしたので、明日はしないと言った）
2. нөднин, дараагийн дараа жил
   （このアパートを去年修理したが、再来年再び修理するそうです）
3. уржигдар, өнөөдөр
   （彼らはおととい田舎へ行って、今日までに戻ってくるのですよ）
4. өнгөрсөн, ирэх
   （上の姉は先月就職したばかりだが、来月から外国で働くことになります）
5. Өчигдөр, өнөөдөр, маргааш, нөгөөдөр （昨日はバトの、今日は私の、明日はルハグワの、あさってはラクチャーの誕生日です）
6. энэ жил, ирэх жил （私たちの立てたプロジェクトを今年は都市で、来年は地方で実行する計画があります）
7. уржигдар, нөгөөдөр
   （テレビで、おととい日本の南部が台風に見舞われたことに関し、あさってもまた、そこを台風が通過することに関して報道した）
8. нөднин, энэ жил, уржнан （うちの上の息子は去年妻をもらい独立しました。一方、下の息子は今年フランスに勉強しに行きます。うちの娘はおととし学生の時、一度イタリアに行ってきました）
9. Дараагийн дараа жил
   （再来年までにうちの家畜は今よりも2倍にふえるのだよ）
10. уржнан
    （これはおととし旅行でヒャルガス湖へ行く時、撮った写真です）
11. ирэх （君は来週の仕事のスケジュールを上司からもらってきなさい）
12. ирэх жил （私たちは来年オラーン・ウデ市を見学に行きます）
13. өнгөрсөн （チリ国は、地下に閉じ込められた炭鉱夫たちを救助する作業を先週成功裏に終えたのです）

A.2

	1	З	У	Р	А	**Г**			
		2	А	Й	М	**А**	Г		
				3	З	**А**	М		
	4	М	А	Й	Х	**А**	Н		
			5	Д	У	**Р**	С	Г	А	Л
6	Ж	О	Л	О	О	**Ч**			
		7	З	А	Х	**И**	А	Л	Г	А
				8	О	**Н**	Г	О	Ц

答　　　газарчин　　　（ ガイド ）

B.1

1.1

1. **-вал**　(《その水を飲めばその慣習に従う》→　その土地へ行ったら、その土地の慣習に従わなければならない、という意。「郷(ごう)に入(い)っては郷(ごう)に従(したが)う」の類)

2. **-вч**　(《蛇は三つに切れてもトカゲくらい》→　もともと優れた立派な者はたとえ落ちぶれても、元の価値を失わない、という意。「腐(くさ)っても鯛(たい)」の類)

3. **-хаар**　(《子山羊は角が生えると母親を角で突く》→　恩を受けた人に対し、危害を加えひどい仕打ちをする、という意。「恩(おん)を仇(あだ)で返(かえ)す」の類)

4. **-тал**　(《仕事をすれば終わるまで、塩を入れれば溶けるまで》→　いった

ん着手したら、何事も最後まで責任を持ってやり遂げなければならない、という意。「乗りかかった船」の類)

5. -ад (《手を握って手首を握る》→ 人は一度他人の好意に甘えると、調子に乗って、さらにそれ以上のことを求めるものだ、という意。「おんぶに抱っこ」の類)

6. -саар, -саар (《だましながらだましながら嘘つき、盗みながら盗みながら泥棒》→ 何事も小さな悪事がきっかけとなって、ついには大きな悪事に発展してしまうものだ、という意。「嘘つきは泥棒の始まり」の類)

7. -ж (《疑心で痛み信心で治る》→ すべては人の心の持ち方ひとつで決まるものだ、という意。「病は気から」の類)

1.2

1. өчигдөр, уржигдар, маргааш, нөгөөдөр
    (当地では、昨日、おととい非常に寒かったです。しかし、明日、あさって急にとても暑くなると天気予報で言いました)

2. уржнан, дараагийн дараа жил, энэ жил
    (あなたはおととし私に話す時、再来年できれば外国に行って休むと言いました。それで、今年どちらへ行く計画がありますか)

3. өнгөрсөн долоо хоног, ирэх долоо хоног
    (私は先週編み始めたセーターを来週の末までに終えるつもりです)

4. ирэх сар, өнгөрсөн сар, энэ сар
    (子供:「お母さん、来月は何月ですか」
    母親:「答える前に私があなたに尋ねましょう。先月5月だったなら、今月は何月なの」)

B.2

2.1

1. Та орос хэлийг өөрөө сурч байна уу, хүнээр заалгаж байна уу?
2. Би Токиод гурав хоноод, өчигдөрхөн ирсэн.
3. Горхины ус хоржигнон урсахыг сонсох ямар сайхан юм бэ.
4. Бид чамайг энд хүлээсээр байгаад хаашаа ч явж

чадсангүй.
5. "Айвал бүү хий, хийвэл бүү ай" гэдэг зүйр цэцэн үг байдаг шүү дээ.
6. Бид хичнээн ядравч энэ ажлыг өнөөдөр дуусгах хэрэгтэй.
7. Баатар түүнийг дуудахааар дөнгөж сая гараад явсан.
8. Таныг иртэл би энд хүлээж байя.
9. Багшийг тайзан дээр гармагц бид алга ташив.
10. Өвөл болохлоор (~болохоор) хүйтэрч, цас ордог.
11. Тароо зурагт үзэнгээ хичээл хийх дуртай.

2.2
1. Би уржигдар хөл бөмбөг тоглож байгаад хөлөө гэмтээчихлээ. Тэгээд гайгүй байсан болохоор өчигдөр ч эмнэлэгт явсангүй. Гэтэл өнөөдөр гэнэт өвдөөд эмчид үзүүллээ.
2. Чамайг маргааш энд ирж чадахгүй бол бид нөгөөдөр чам дээр очиж болно шүү.
3. Ноднин, уржнан хур бороо багатай их гандуу байлаа. Харин ч энэ жил нэлээд бороо орж ургац сайтай байна. Ирэх жил ямар байх бол доо?
4. Дараагийн дараа жил манай их сургуулийн захирал солигдоно гэсэн яриа байна.
5. Өнгөрсөн сард манай компани их алдагдалтай байсан учраас ирэх сард бид бүгдээрээ сайн чармайх хэрэгтэй байна.

第7課

A.1
1.1
1. -дэг （これは生徒みんなの知っている歌です）
2. -мөөр （これは若い人たちにだけ話してあげるべき事です）
3. -аа （滑り台で遊んでいる子供は私の孫です）

4. -сан （昨日買った牛乳がすっぱくなってしまった）
5. -гч （うちの先生は授業でいつも指し棒を使います）
6. -х （君には今何もやる気がないのですか）
7. -дэг （毎日教室をそうじする時に使う雑巾をどこに置きましたか）
8. -сэн
　　　（司馬遼太郎氏の書いた「草原の記」を多くの人が読み続けています）
9. -аа （うちのおじいちゃんは、牧草地を行くたくさんの羊を、自分の家の外から双眼鏡でずっと見ていた）
10. -мээр （西モンゴルには見るべき所がたくさんあると言います）
11. -х （今回の旅行に行く人たちは早めに登録して下さい）
12. -гч （私たちはおととい映画館で「透明人間」という映画を見ました）

1.2

1. масло, варенье
　　　（私は毎朝パンにバターまたはジャムを塗って食べます）
2. ботинк, тавчик
　　　（君は靴を脱いで、そのスリッパをはいてこちらへ入って来なさい）
3. запас, бензин
　　　（田舎を車で遠出する時は、スペアータイヤやかなり多くのガソリンを持って行った方がいいよ）
4. подволк, пүүз
　　　（体育の授業に全生徒は、上に白いTシャツ、足にスニーカーをはいて出るのですよ）
5. костюм, размер （このスーツは、サイズはいくつですか）
6. зонтик （お母さん、日がさを持って行くのを忘れていないのでしょ）
7. куртк （羽毛のジャンパー（ダウンジャケット）はとても暖かいですよ）
8. трико （娘に白色のパンティーストッキングを買うのを忘れてしまった）
9. фонт （あなたはこれをモンゴルキリル文字フォントで書いてください）

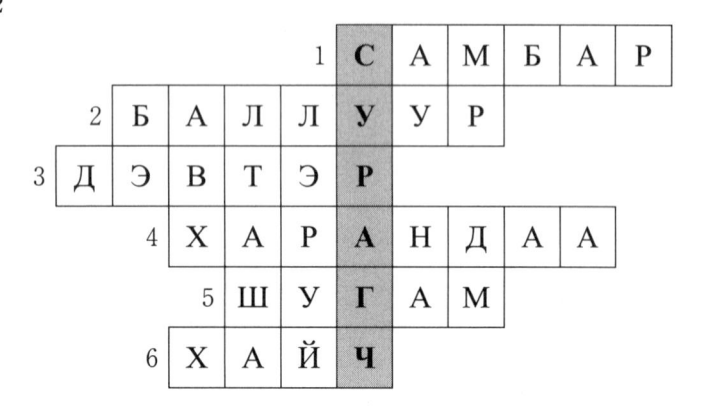

A.2

		1	**С**	А	М	Б	А	Р
	2	Б	А	Л	Л	**У**	У	Р
3	Д	Э	В	Т	Э	**Р**		
		4	Х	А	Р	**А**	Н	Д	А	А
			5	Ш	У	**Г**	А	М
			6	Х	А	Й	**Ч**	

答　　　suragch　　（　生徒　）

B.1

1.1

хоргодох, байгаа, алдсан, явдаг, хиймээр, орлогч

（全訳）

　日本のある島で大雨が降ったせいで、川の水があふれ洪水となったのです。洪水のせいで多くの人が避難所で暮らしています。避難している人々には、水（ミネラルウォーター）が一番必要でした。さらに、洪水で自分の家を失った人々は、一体何をするのかもわからず、ただ雨だけが止むのを待っていました。彼らを助けるために、救助隊員たちは、2つの島の間を行く船で行ったのです。これらの人たちには行ってするべきことがたくさんありました。そのため、行く途中で救助チームの副隊長が人々とよく協議したのです。

1.2

1. сахар　（砂糖）

2. вокзал （駅）
3. плёнк （フィルム）
4. словарь （辞書）
5. экскурс （団体遊覧旅行）
6. торт （ケーキ）
7. лифт （エレベーター）
8. шорт （半ズボン）
9. пенал （筆入れ）
10. склад （倉庫）
11. диссертац （学位論文）
12. шоу （ショー）
13. картон （ボール紙）

B.2

2.1

1. Өчигдөр үзс<u>э</u>н монгол кино надад сайхан санагдлаа.
2. Япончуудын идд<u>э</u>г гол хоол бол цагаан будаа, харин монголчуудынх бол мах юм.
3. Надаас асуу<u>х</u> юм байвал хэзээ ч асууж болно шүү.
4. Энэ хүүхдийн номын санд унш<u>маар</u> сонин ном олон байдаг гэнэ.
5. Тэнд сонин уншиж байг<u>аа</u> хүнийг та таних уу?
6. Хэдэн хоногийн өмнөөс энэ хувилаг<u>ч</u> машин нэг л сайн ажиллахгүй байна.

2.2

1. <u>Балкон</u> дээр тавьсан хөлдүү махыг оруулчихаарай.
2. Монголд хааяа <u>ток</u> тасардаг учраас ихэнх айл гэртээ лаа авч тавьсан байдаг.
3. Өвөл гадаа хичнээн хүйтэн ч хааяа <u>форчик</u> онгойлгож агаар солих хэрэгтэй.
4. Эртээр олон хүнтэй автобусаар явж байгаад, <u>карман</u> дотор хийсэн мөнгөө алдсан.
5. Манай бүх сав суулга тэр <u>шкаф</u> дотор байгаа.

6. Плитк дээр тавьсан хоолыг өдөр халаагаад идээрэй.
7. Сая жигнэж үзэхэд миний чемодан хорин килограммаас нэлээн хэтэрсэн байна.

第8課

A.1

1.1
1. мянга
   (サムダンのおかげで彼らの羊は増え続けて千頭近くになったのです)
2. дөрвөн （毎月4週間あります）
3. хэд （さっき何歳ぐらいの子供を連れた人が来て行きましたか）
4. мянган
   (その国で数千人の若者たちが政府に反対して行進したというニュースを聞きました)
5. зуу
   (その食堂は、百人余りのホームレスの人たちに無料で食事を与えたのです)
6. хэдэн （特急「新幹線」を何年前に発明しましたか）
7. гуч （ああ、私たちは30分近く君を外で待っているよ）

1.2

өмнө, баруун өмнө, баруун, баруун хойт,
хойт, зүүн хойт, зүүн, зүүн өмнө

（全訳）
私の住んでいる学生寮の周りに何があるのかをあなたたちに言ってあげましょう。うちの寮のちょうど南側にバス停、南西に写真屋、西側に食料品店、北西に幼稚園、北側にモンゴル銀行、北東に喫茶店、東側に映画館、南東に本屋があります。

А.2

	1	2	3	4	5	6
1	Т	Э	**Н**	Г	Э	Р
2		Н	**И**	Й	Г	Э	М
3		Y	**Й**	Л	Д	В	Э	Р
4				**С**	О	Ё	Л
5		У	**Л**	С
6		Г	**Э**	Р
7	Т	А	**Л**	Б	А	Й

答　　　нийслэл　　　（ 首都 ）

В.1

1.1

хэд, хоёр мянга, хорь, хэдэн, найман, таван

（全訳）

記者：おじいさん、おたくは<u>どれくらい</u>の家畜を持つ家ですか。

牧民：うちは<u>2千</u>頭余りの家畜を持つ家です。その大部分が羊と山羊です。でも、<u>20</u>頭近くのラクダがいます。

記者：あなたは<u>何人</u>子供がいますか。

牧民：私は<u>8人</u>子供がいて、<u>5人</u>が息子、3人が娘です。うちの子供たちは皆大きくなりました。

1.2

1. Хойт （ボルドの家は学校のどちら側にありますか。

—北側にあります）
2. Баруун өмнө （バトの家は学校のどちら側にありますか。
—南西にあります）
3. Зүүн өмнө （駐車場は学校のどちら側にありますか。
—南東にあります）
4. Зүүн （ボルドの家のどちら側に図書館はありますか。
—東側にあります）
5. Баруун хойт （子供の遊び場は学校のどちら側にありますか。
—北西にあります）
6. Баруун （子供の遊び場はボルドの家のどちら側にありますか。
—西側にあります）
7. Зүүн хойт （学校のどちら側に図書館はありますか。
—北東にあります）
8. Өмнө （先生の家は学校のどちら側にありますか。
—南側にあります）

B.2

2.1

1. Хоёр мянга долоон онд Улаанбаатар нь сая гаруй хүн амтай хотын нэг болжээ.
2. Та цаашдаа хэд орчим үгтэй монгол япон хэлний толь бичиг зохиох санаатай байна вэ?
3. Тэр хүн арван мянга шахам гадаадын ховор марк цуглуулсан гэнэ.
4. Тэднийх хорь гаруй жилийн өмнө хөдөөнөөс хотод нүүж ирсэн.
5. Машин хурдны замаар цагт ная орчим километрийн хурдтай явах ёстой.
6. Эрдэнэ гуай одоо ер шахам настай ч бие нь хөнгөн шингэн байна.

2.2

1. Монгол улсын нутаг дэвсгэр бол баруунаас зүүн тийш

сунаж тогтсон байдаг.
2. Монгол орны баруун хойт хэсэг нь уулархаг газар юм.
3. Олон улсын нисэх онгоцны буудал хотын төвөөс баруун өмнө зүгт байдаг.
4. Энэ нутгийн зүүн өмнө хэсэгт ойн түймэр гарснаас болж олон хүн хохирчээ.
5. Та энэ чигээрээ алхаад явбал шуудан хүрнэ. Шуудангийн зүүн хойд зүгт таны хайж байгаа зочид буудал бий шүү.

第9課

A.1

1.1
1. -лд-
   (ナーダムで相撲を取る力士たちは数ヶ月前から準備をし始めたのです)
2. -лц- （私たち二人はモンゴルで一緒に勉強していたのです）
3. -гд- （新しく上映された映画は君にどのように思われましたか）
4. -уул- （私の頼んだ本を私の友達が送ってくれたのです）
5. -лга- （どうやってデールを作るのかを自分の母親に教えてもらいました）
6. -гд-
   （ザイサン・トルゴイに登ればオラーンバータル市がきれいに見えますよ）
7. -га- （我々こそがこの仕事を終えるべきですよ）
8. -аа- （これを50gの水に3滴垂らして口をゆすいで下さい）
9. -уул-
   （ひろみのおばあちゃんは、新しく出た硬貨を収集し続けてきた人です）
10. -д- （もしこの辞書が手に入れば、私は必ず買います）
11. -га- （今日あなたに聞かせるよい知らせがあります）
12. -лга- （おーい、君は自分の弟を恐がらせないでよ）
13. -д- （ねえ、君は少し大きな声で話してよ。私に何も聞こえません）
14. -аа- （モンゴル人は夏になるとボルツという乾燥させた牛肉で食事を作って食べます）
15. -лд- （出会った人々は学生時代の友人たちのようです）
16. -лц- （結婚式をあげているカップルたちは指輪を交換し合った）

1.2
1. авахуул- （私は証明写真を撮ってもらいたい）
2. заалга- （私は手袋の編み方を教わりたい）
3. наалга- （靴のヒールに何か貼ってもらいたい）
4. туслуул- （私に手伝ってもらいたいことがあれば言って下さい）
5. зуруул- （ここにあなたにサインしてもらいたい）
6. яриул- （私たちはお姉さんに民話を話してもらいたい）
7. үзүүл- （私は早く歯を医者に見てもらいたい）
8. зөөлгө- （荷物を車だけで運んでもらいたい）
9. шалгуул-
    （お父さん、僕はやった宿題をお父さんに確かめてもらいたい）
10. сонгуул-
    （お姉さん、私はあなたに友達にあげるプレゼントを選んでもらいたい）
11. авчруул- （君の家に忘れた本を君に持ってきてもらいたい）
12. нэхүүл- （おばあちゃんにこんな靴下を編んでもらいたい）

A.2

1	М	А	Л	Г	А	Й		
			2	Ө	**М**	Д		
3	Х	Э	М	**Ж**	Э	Э		
4	Х	А	Р	**И**	У	Л	Т	
5	Т	А	С	А	**Л**	Б	А	Р
			6	Г	У	**Т**	А	Л

答　　　амжилт　　　（　成功　）

B.1
1.1

сонсдо-, барилда-, харцгаа-, ялагда-, урамшуул-, өнгөрөө-, ярилц-

（全訳）

　　　　新進の力士たち
　外でドタバタする音が<u>聞こえ</u>出てみると、二人の子供が<u>相撲</u>を<u>取って</u>いました。大人たちは彼らをかわいがり、<u>一斉に</u>ながめていました。体の小さい方は<u>負ける</u>気配がないと一人のおじいさんが彼を<u>励まし</u>ました。もう一人の若者は「この二人の子は自由時間を本当に正しく<u>過ごして</u>いるよ」と言って、彼らの取り組みに注目しながら立っていました。誰がどんな技をかけているのかを人々はひどく興味深く<u>話し合い</u>ました。一体誰が勝つかな。

1.2

туслуул-, тайруул-, авчруул-, авахуул-, оёул-, угсруул-, заалга-, болго-

（全訳）
　5歳の女の子ツェッゲーは、友人たちに「もし私たちのところに今魔法使いがやって来て、あなたの夢をかなえてあげようと言ったら、あなたたちは何を望みますか」と尋ねた。
友達1：私は文字を書く時、<u>手伝ってもらい</u>たいと言った。
友達2：私の髪の毛が長く伸びたので、<u>切ってもらい</u>たいと言った。
友達3：私はのどが渇いているので、飲み物を<u>持ってきてもらい</u>たいと言った。
友達4：私はちょうど今きれいなノートが必要なので、店で<u>買ってもらい</u>たいと言った。
友達5：僕はさっき遊んでいて、ズボンを破ってしまったので、それを<u>縫ってもらい</u>たいと言った。
友達6：僕はおじいちゃんのプレゼントしたおもちゃの車をお兄さんに<u>組み立ててもらい</u>たいと言った。
友達7：僕はボルドに新しく出たコンピューターゲームを<u>教えてもらい</u>たいと言った。

このことを聞いた女の子ツェツゲー、ところで私は自分自身を魔法使いに<u>し</u><u>てもらいたい</u>と言った。

B.2

2.1

1. Би энэ номыг орчуулахдаа танаар <u>туслуулах</u> гэсэн юм.
2. Би өчигдөр орой архи их ууснаас болж аав ээждээ маш их <u>загнууллаа</u>.
3. Дүү маань түрүүчийн бүтэн сайн өдөр захаар явж байгаад хамаг мөнгөө <u>суйлуулчихсан</u>.
4. Сүүлийн хэдэн жилүүдэд энэ хавьд байшин барилга маш хурдан <u>баригдаж</u> байна.
5. Тэд ойрдоо ажилдаа <u>дарагдаад</u> их завгүй юм шиг байна.
6. Уржнан Номхон далайн нэг арал үерт <u>автагдаад</u> олон хүн нас баржээ.
7. "Нэр өдөр танил<u>ц</u>аж мянган өдөр нөхөрлөнө" гэдэг зүйр цэцэн үг байдгийг үргэлж санаж яваарай.
8. Тэр цахилгаан барааны дэлгүүрт өнөөдрөөс юм хямдарна гээд хүмүүс <u>шахалдан</u> <u>орцгоож</u> байна.
9. Маргааш тэнгэр сайхан байвал бүгдээрээ зугаалганд <u>явцгаая</u>.

2.2

1. Би энэ компьютерийг танаар засуулмаар байна.
2. Би чамаар энэ ажлыг хийлгэмээр байна.
3. Би Эрдэнэ багшаар монгол хэл заалгамаар байна.
4. Би танай ээжээр дээл оёулмаар байна.
5. Би энэ номыг та нараар японоор орчуулуулмаар байна.
6. Би чамаар үсээ засуулмаар байна.
7. Би тантай зургаа авахуулмаар байна.
8. Би энэ бэлгийг чамаар Цэцгээд өгүүлмээр байна.

第10課

A.1

1.1

1. хоёр сая есөн зуун мянга
(2010年の統計では、モンゴル国の総人口は290万人余りだそうです)

2. хорин долоон сая гурван зуун жаран мянган
(日本では、だいたい2736万人がユーチューブのサイトを毎月使用するといった統計が出ています)

3. долоон зуун тавин мянган
(うちの夫は、つい最近私に75万トグルグでミシンを買ってくれました)

4. дөрөвний нэг
(日本国は、モンゴル国の国土のほぼ4分の1に匹敵する領土を持っています)

5. нэг аравны гурван
(どの銀行から1.3％の利子付きのローンを借りることができるかな)

6. Наймны долоо, есний хоёр
(7/8に2/9を足すといくらですか)

7. мянганы нэг
(五つ子が生まれるのは1000分の1に遭遇するまれな現象です)

8. тавин нэг аравны таван
(子供が母親から生まれる時、だいたい51.5cmであるようです)

9. нэг аравны зургаан
(日本の総人口の1.6％を外国人が占めているという統計が出ています)

1.2

a. 1. азарга 　(《年取った<u>種馬</u>が跑足を学ぶ》→年寄りが若者をまねて年に不相応な無茶なことをする、という意。「年寄りの冷や水」の類)

2. морь 　(《漁師の馬に水なし》→ある事柄を実行できる十分な可能性が最も身近にあるにもかかわらず、その機会をうまく活用しない、という意。「紺屋の白袴」の類)

3. унага 　(《人となるのは幼少から、駿馬となるのは<u>子馬</u>から》→後に大成するような非凡な人間は、子供の頃からすでに他とは異なるすぐれたところが見うけられるものだ、という意。「栴檀は双葉より芳し」の類)

4. Даага 　(《子馬から落ちて死ぬことはない、大口のせいで死ぬ》→不注意な発言が時に災いを招くこともあるので、発言には十分注意しなければならない、という意。「口は禍の門」の類)

b. 1. Үхэр 　(《言葉が多すぎて牛が遠ざかる》→ 本来すべき事柄を忘れ、つい話に夢中になってしまい、仕事などに支障をきたす、という意。「油を売る」、「道草を食う」の類)

2. бух 　(《山の鹿を見て自分の乗った種牛を捨てる》→ 他の新しいものに目がくらんで、自分の元のものの大切さを見失う、という意。「鹿を逐う者は山を見ず」の類)

3. Шар 　(《ぬかるみに落ちた去勢牛の主人は強い》→ 人は一般に自分にかかわりのあることとなると、他の誰よりも一番力を発揮して、一生懸命に努力するものである、という意。「我が事と下り坂に走らぬ者なし」の類)

4. Үнээ 　(《戻る嫁に母牛が子牛と一緒になるのは無関係》→いったん責任を負う必要がなくなってしまうと、まわりでどんなことが起こっても全く関係ない、という意。「対岸の火事」の類)

5. Тугал 　(《男は旗も握る、子牛も放牧する》→ 男の一生は浮き沈みが激しく、良い時もあれば悪い時もあり不安定なものである、という意。「浮き沈み七度」の類)

6. бяруу 　(《育てた子牛が車をこわす》→ 日頃、十分面倒を見てやった者から裏切りの行為を受ける、という意。「飼い犬に手を噛まれる」の類)

c. 1. Тэмээ 　(《人は自分の過ちを知らない、ラクダは自分の反り身を知らない》→ 人は自分の欠点には気づかないものだ、という意。「自分の盆の窪は見えず」の類)

2. Буур 　(《ラクダを放牧した人は自分の種ラクダの性質をよく知っている》→人は自分の身近にいる者の性格をよく把握しているものだ、という意。「子を見ること親に如かず」の類)

3. ат 　(《死んだ種ラクダの頭を生きている去勢ラクダが恐がる》→ かつて威厳があった者は、すでにその力を失っても、依然人を恐れさせるものだ、という意。「死せる孔明生ける仲達を走らす」の類)

d. 1. Хони(ны) 　(《羊の頭を懸けて犬の肉を売る》→ 見かけと実質が異なるものを用いて人をだます、という意。「羊頭狗肉」の類)

2. Ирэг 　(《食べ物は自分の主人を知らない、去勢羊は自分の尻尾を知らない》→食べ物はそれ自体、持ち主が決まっていないので、誰が食べても

誰に差し出しても一向に構わない、という意。)

e. 1. ухна 	(《百匹の山羊に六十匹の種山羊》→ある事柄に従事する者の数が多すぎると全体のバランスがとれず、かえって物事はうまく運ばない、という意。「船頭<ruby>多<rt>おお</rt></ruby>くして<ruby>船山<rt>ふねやま</rt></ruby>へ<ruby>上<rt>のぼ</rt></ruby>る」の類)

2. Ишиг 	(《子山羊は角が生えると母親を角で突く》→恩を受けた人に対し、危害を加えひどい仕打ちをする、という意。「恩を仇で返す」、「<ruby>後<rt>あと</rt></ruby><ruby>足<rt>あし</rt></ruby>で<ruby>砂<rt>すな</rt></ruby>をかける」の類)

A.2

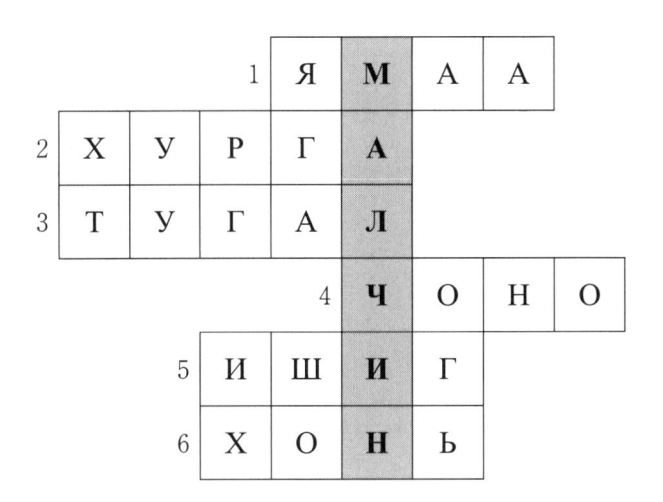

	1	Я	М	А	А	
2	Х	У	Р	Г	А	
3	Т	У	Г	А	Л	
			4	Ч	О	Н	О
	5	И	Ш	И	Г	
	6	Х	О	Н	Ь	

答 　　малчин　　（ 牧民 ）

B.1

1.1

1. зуун хорин долоон сая долоон зуун мянга
(日本国の総人口は1億2770万人です)

2. нэг сая таван зуун жаран таван мянган
(モンゴル国は156万5000km^{2}の面積です)

3. хорин зургаан сая зуун тавин мянган
(モンゴル国の五畜のうち山羊と羊だけ合わせると、2615万頭である)

4. арван нэг зууны наян тав
(東京はオラーンバータルの11.85倍の人口です)

5. хоёр зууны арван тав
(オラーンバータルは東京の2.15倍の面積です)

1.2

a. морь, хонь, үхэр, тэмээ, ямаа

(全訳)

　モンゴル人たちは、五畜をそれぞれ異なる、特殊な起源を持っていると見る言い伝えが伝えられてきたのです。古代の伝説によれば、馬は風から、羊は天から、牛は水から、ラクダは太陽から、山羊は岩から生まれたそうです。

b. 1. хонь
   (脂肪の丸っこい、アルガルかごはもっじゃもじゃ、それなーに？ → 羊)
2. тэмээ　(山をひもで引く、それなーに？ → ラクダ)
3. үхэр
   (前にフォークあり、中に皮袋あり、後ろに鞭あり、それなーに？ → 牛)
4. ямаа
   (広大な草原のマンガス、雄も雌もひげあり、それなーに？ → 山羊)
5. морь
   (遠方の地を短縮する、丈夫な羽のある美しい孔雀、 それなーに？ → 馬)

B.2

2.1

1. Би арван жил мөнгөө цуглуулж байж, ноднин хоёр сая найман зуун тавин мянган иенээр гадаадын шинэ машин авсан.
2. Японы засгийн газраас газар хөдлөлтөд өртсөн тус оронд дөчин долоон сая зургаан зуун мянган иений мөнгөн тусламж үзүүлсэн байна.

3. Дондог багшийн лекцэд суух ёстой оюутнуудын <u>гуравны хоёр</u> нь иржээ.
4. Улаанбаатарт шинээр барих гүүрийн <u>аравны гурвыг</u> нь Япон улсын тусламжаар барих гэнэ.
5. Тэг (〜Ноль) зууны наян дөрөв дээр <u>ес зууны арван зургааг</u> нэмбэл хэд вэ?
6. Дэлхийн нийт хүн амын <u>арван ес аравны гурван</u> хувийг Хятад, <u>арван долоо аравны хоёр</u> хувийг Энэтхэг эзэлдэг.

2.2
1. <u>Хонь</u> биш <u>ямаа</u> л хаданд авирах дуртай шүү дээ.
2. Энэ жилийн наадамд миний <u>даага</u> баян ходоод болсон.
3. Энэ хавар манай найман <u>гүү</u> унагалж, таван <u>ингэ</u> ботголсон.
4. Аав энэ хургыг том болохоор <u>хуц</u> тавина гэж байсан.
5. Баатарынх энэ өвлийн идшиндээ нэг <u>шар</u>, гурван <u>ирэг</u>, хоёр <u>сэрх</u> гаргасан бололтой.

第11課

A.1

1.1
1. минь　（ねぇ、ドルジン、君はもう休んでよ）
2. -аа　（私は家に入るとすぐに手を石鹸で洗います）
3. -хаа　（兄は自分のシャツの取れたボタンを私につけてもらいます）
4. -гаа　（あなたたち二人の誰が主に馬の番をしますか）
5. чинь　（すみません、君のカバンが開いてしまっているよ）
6. -ээ　（では、私は洗って干した自分のジーンズを外から中に入れましょう）
7. -хөө　（君はどうしていつもズボンのポケットを破ってしまうのですか）
8. -гээ　（ボルド、君は首をどうしてしまったの、大丈夫ですか）
9. маань　（20年経って会うと、私たちの先生はまるで以前のままのようだったので、私たちは非常に驚いたのですよ）
10. -оо　（昨年春、植えた木に私たちは毎日水をやります）

11. нь, нь　（私の友達ツェルマーの兄も技師、姉も技師です）
12. -хээ　（おばあちゃんは、自分のメガネケースをここに置いたことを忘れたようです）

1.2
a. 1. нүд　（《目にソーダを与える》→ 目を楽しませる、目の保養をする）
　2. нүүр　（《顔を入れる場所がなくなる》→ 大変恥ずかしい、穴があったら入りたい）
　3. ам　（《口が熱くなる》→ 話が弾む；ほろ酔いかげんになる）
　4. эрүү　（《あごとひざが一緒になる》→ 年老いる、腰がくの字に曲がる）
　5. чих　（《長い耳を持った》→ 物事を聞きつけるのが早い、地獄耳）
b. 1. хөл　（《足が地面に着かない》→ 大喜びする）
　2. цээж　（《胸のよい》→ 記憶力のいい）
　3. гар　（《長い手をした》→ 盗み癖のある、手が長い）
　4. ташаа　（《わき腹を支える》→ 威張る、えらそうにする）
　5. бөгс　（《尻が回るすき間のない》→ 場所が非常に狭い、猫の額ほどの）
c. 1. зүрх　（《心臓を出す》→ 勇気を出す、思い切ってする）
　2. элэг　（《肝臓が欠ける》→ ひどく心が痛む；ひどく同情する）
　3. бөөр　（《脂肪で包んだ腎臓のように》→ 子供を甘やかし過保護にする）
　4. уушги　（《肺臓が拡張する》→ かっとなって怒る）
　5. булчирхай　（《七つの腺を数え上げる》→ 何でもかんでもすべて逐一話す）

A.2

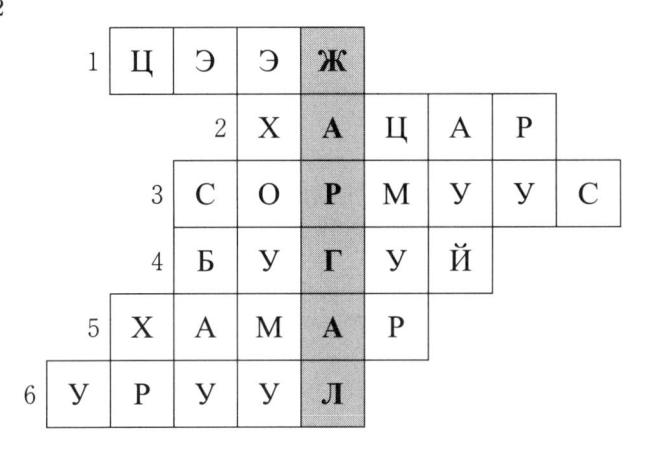

	1	Ц	Э	Э	Ж		
		2	Х	А	Ц	А	Р
	3	С	О	Р	М	У	У	С
		4	Б	У	Г	У	Й
	5	Х	А	М	А	Р	
6	У	Р	У	У	Л		

答　　жаргал　　（　幸福　）

B.1

1.1
-хөө, -ээ, нь, -хөө, -ээ, -аа, маань,
/ -хаа, -гээ, -ээ, -гээ, -оо,
/ -гээ, -хоо, -гоо, чинь,
/ -аа, -хээ, -оо

（全訳）
　今、私は自分自身の一日について簡単にお話ししましょう。
私は毎朝7時に起きて、手や顔を洗います。その後、朝のお茶（モーニングティー）を飲みます。そして、ちょうど8時半に家を出て、仕事に行きます。私たちの仕事は9時に始まって、17時に終わります。
　ごくたまに仕事の後で、友人たちと一緒にレストランに行きます。ほとんどは家で家族の人たちと一緒に夕食を食べます。
　また、二日に一度弟と交替で、食後犬を家から近くの所に散歩させます。そ

の時、知り合いの人と出会えば、私に「君の両親は元気ですか？」と尋ねます。

　私は兄弟6人です。私たちはみんな、両親のおかげで大きくなりました。私は毎晩必ずテレビのニュースを見ます。そして、11時頃ベッドを整え、寝るために横になります。

1.2
1. шүд　　（《贈り物の馬の歯を見るものではない》→ 人からもらったものを嫌ったり、けちをつけてはいけない、という意。「貰い物に苦情」の類）
2. хамар　（《犬は鼻に水が達すると泳ぎ上手》→ 人はどうにもならないほど追い詰められると、案外活路が開かれて何とかなるものだ、という意。「窮すれば通ず」の類）
3. хуруу　（《口を加えるよりも指を加えよ》→ 人を手助けするときは、口先だけではなく、実際に行動で示すべきである、という意。「口叩きの手足らず」の類）
4. толгой　（《上に投げた石が自分の頭の上に》→ 自分のした悪いことの報いが自分に返ってくる、という意。「天に向かって唾を吐く」の類）
5. чих　　（《先に出た耳よりも後に出た角が長い》→ 新しいものが古いものよりも優れて勝る、という意。「出藍の誉れ」の類）
6. ам　　（《失言すればつかまえられない、馬を失えばつかまえられる》→ いったん口に出して言ったことは取り消すことができないので、発言には気をつけるべきである、という意。「吐いた唾は呑めぬ」の類）
7. нүд　　（《目やにを取ろうとして目をつぶす》→ 人のためになろうとしてかえって悪影響を及ぼす、という意。「情けが仇」の類）
8. хөл　　（《ふとんの範囲で足を伸ばせ、馬の数の範囲で口笛を吹け》→ 人は自分の技量・力量の範囲内で物事を行うべきであり、決して背伸びしてはいけないものだ、という意。「蟹は甲羅に似せて穴を掘る」の類）

B.2
2.1
1. Ээж ээ, би гэрийнхээ даалгаврыг хийчихсэн шүү.
2. Эхнэр бид хоёр төрсөн нутагтаа сар гаруй амраад ирлээ.

3. Тэр их сургуули<u>а</u> төгсөнгүүтээ гадаад хэргийн яаманд ажилд орсонд олон хүн гайхсан.
4. Дорж хэдэн жилийн өмнө эх орноос<u>оо</u> гараад, одоо болтол түүнээс ямар ч сураг чимээ алга.
5. Та нар энэ амралта<u>араа</u> хаана юу хийе гэж бодож байна вэ?
6. Бид гучин жил болоод өндөр настай болсон ачит багштай<u>гаа</u> дахин уулзаж чадна гэж ер зүүдэлсэнгүй.

2.2
1. Дорж эрэгтэй хүн байж яасан <u>задгай амтай</u> хүн бэ.
2. Танай ээж бидэнд ёстой <u>гараа гаргаж</u> сайхан хоол хийж өгсөн шүү.
3. Баатар ганц охиноо <u>алган дээрээ бөмбөрүүлж</u> өсгөсөн хүн дээ.
4. Та ч аргагүй л олон газар явж <u>нүд тайлсан</u> хүн дээ.
5. Чи сандарч байна гэсэн мөртлөө огт <u>биеэ барилгүй</u> сайхан ярьсан шүү.
6. Би бага сургуульд байхдаа тайзан дээр гараад үг хэлье гэтэл үгээ таг мартчихаад, <u>нүүр хийх газаргүй</u> болж билээ.

第12課

A.1

1.1

1. -тал （新年が明けるまでたった数日しか残っていません）
2. -магц （あなたが部屋から出るやいなや上司が入ってきました）
3. -хад （守衛が点検した時、すべて順調だったそうです）
4. -хлаар （私が読んだら、あなたたちはついて読んで下さい）
5. -хдаа （そもそも君はものを洗う時、ゴム手袋をはめた方がいいよ）
6. -магцаа （私たちの友達は私たちを見るやいなや微笑みながら手を振った）
7. -талаа （また会うまでしばらくさようなら）

8. -хлараа （田中は好きな本を読むと、寝食さえも忘れてしまいます）

1.2
1. нүд・чих・хамар・ам
   （丘を回った7つの穴、それなーに？→目、耳、鼻、口）
2. өндөг （すべすべの子供が銀のゆりかごを持つ、それなーに？→卵）
3. цас （見ると綿のよう、握ると水のよう、それなーに？→雪）
4. солонго （まだらな縄を折りたたむことはできない、それなーに？→虹）
5. хайч
   （かむことができる、飲み込むことができない、それなーに？→はさみ）
6. нар （山の向こうから赤い火、それなーに？→太陽）
7. туулай （目が飛び出た、耳が突き出た、それなーに？→うさぎ）

A.2

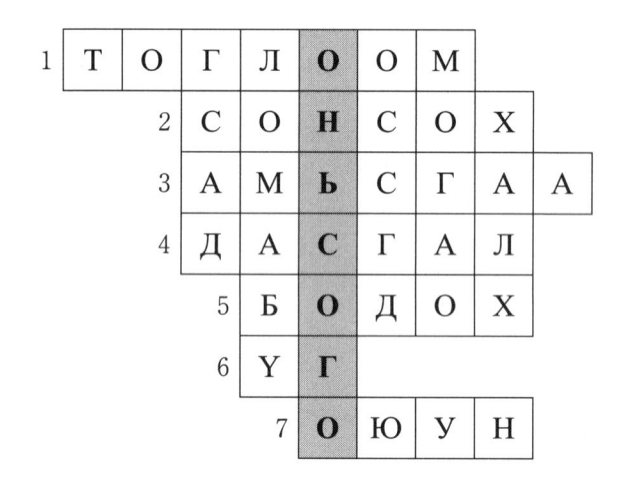

1	Т	О	Г	Л	О	О	М
		2	С	О	Н	С	О	Х
			3	А	М	Ь	С	Г	А	А
				4	Д	А	С	Г	А	Л
					5	Б	О	Д	О	Х
						6	Ү	Г
							7	О	Ю	У	Н

答　___оньсого___　（　なぞなぞ　）

B.1
1.1
1. Намайг Японд амьдарч бай<u>хад</u> нэг эмээ ногоо дарах арга зааж өгсөн.
 (私が日本に住んでいる時、一人のおばあちゃんが漬け物の作り方を教えてくれました)
2. Би бага, дунд сургуульд сурч бай<u>хдаа</u> дандаа онц авдаг байсан.
 (私は小、中学校で勉強している時、いつも成績が優秀(5)でした)
3. Намайг хоолоо идэж дуус<u>тал</u> чи хүлээж байгаарай.
 (私が食事を食べ終わるまで君は待っていてください)
4. Би ядар<u>тлаа</u> ажилласан.
 (私は疲れるまで働きました)
5. Тэр жүжигчнийг тайзан дээр гар<u>магц</u> үзэгчид алга ташив.
 (その俳優が舞台に上がるやいなや、観客たちは拍手した)
6. Ерөнхий сайд индэр дээр гар<u>магцаа</u> үг хэлэв.
 (首相は演壇に上がるやいなや演説した)
7. Та нарыг нутаг руугаа буца<u>хлаар</u> бид их санах байх даа.
 (あなたたちが故郷に戻ったら、私たちはとても寂しくなるだろうね)
8. Би цалингаа ава<u>хлаараа</u> чамд гоё гутал заавал авч өгье.
 (私は給料をもらったら、君にきれいな靴を必ず買ってあげましょう)

1.2
1.
  1. シャガイを何個手に握ったのか他の人に知らせてはいけない。
  2. シャガイを空握り(何も握っていないのに握ったふりを)してはいけない。
  3. シャガイの数の合計を言い当てる時、前の人の言った数を繰り返し言ってはいけない。
2. 参加者全員の手に握ったシャガイの数の合計を正しく言い当てることができた場合

(全訳)
 シャガイを互いに言い当てる

モンゴル民族の遊びの一つは「シャガイ(くるぶしの骨)」です。シャガイ遊びにはたくさんの種類があり、今回はシャガイを互いに言い当てて遊ぶことについて紹介しましょう。

　シャガイを互いに言い当てて遊ぶ時、年齢は関係なく、何人でも一緒に遊ぶことができます。始めに遊ぼうとしている全員が輪になって座ります。その後、各人に遊ぶのに使うすべてのシャガイを均等に分けてあげます。こうして遊びが始まります。

　遊ぶ人たちは、それぞれ手にシャガイを自分の望んだ分だけ握り、そのまま手を前に伸ばします。もちろん何個のシャガイを握ったのかを誰にも知らせてはいけません。また遊ぶ人は、自分のシャガイがなくなっていないのに空握り(何も握っていないのに握ったふりを)してはいけないルールがあります。それで、全員の手に握っているシャガイが合わせて何個あるのか予想し計算して言います。その時、前の人の言った数を繰り返し言わないルールがあります。全員が言い終えた後で、手にあるシャガイを広げて見せます。言い当てた数だけシャガイがあるかどうか照合してから、当てた人がすべてのシャガイをもらいます。誰も言い当てなかったら、再び言い当てるやり方で遊びは続きます。もし、遊ぶ人がルールを破りだましたりすれば、すべてのシャガイは没収されます。それで、遊びから外されます。これは、遊んで楽しむ以外に、子供の思考を発展させたり、計算を学ばせる意義があります。

B.2

2.1

1. Намайг өчигдөр орой арван нэгэн цагт гэртээ харихад өвөө маань унталгүй хүлээж байсан.
2. Би Монголд байхдаа Дамиран гэдэг монгол оюутантай хамт оюутны байранд сууж байсан.
3. Чамайг цагийн дараа буцаж иртэл би энд хүлээж байя.
4. Та Японд иртлээ япон хэл үзэж байсан юм уу?
5. Бид нарыг гэр дотор гүймэгц аав дандаа "Чимээгүй, боль" гэж хэлдэг.
6. Багш ангид орж ирмэгцээ сурагчдад хандаж "Сайн байцгаана уу?" гэдэг.
7. Японд зун болохлоор (~болохоор) нохой гаслам халуун

болдог.

2.2
1. ブロンズの火のし、水晶の吸い口
2. 皮製の手綱、野生馬の跑足
3. 夜が明けた、雲が晴れた
4. はたきを振ってジリスを狩った、消しゴムで消して絵を描いた

発音は、各自で練習すること。

第13課

A.1
1.1
1. -сан （私はお母さんの髪を染めてあげようとしたところ、お母さんはもうとっくに髪を染めてもらってしまっていました）
2. -ч （音がした方向を見ると、渡り鳥が南の方に向かって飛んでいました）
3. -даг （うちのおばあちゃんは毎晩目薬を差していたのですよ）
4. -аад （おじいちゃんは自分のメガネを頭の上にのせてしまってずっと探していました）
5. -ж （今頃、各家庭では旧正月に使うボーズを毎晩作っているだろうね）
6. -сан （彼が起きると、彼の食べ物をもう準備して机の上に置いてありました）
7. -аад （私はあなたたちと一緒にここにずっといたいです）
8. -даг （私は学生の時、学校から一番近い店で飲食物を買っていました）

1.2
1. -аадах- （じゃ、私は君の書いたものを今すぐチェックしよう）
2. -чих- （私の兄は家に帰ってくるとすぐに宿題をしてしまいます）
3. -схий （あなたは少し速く行ってよ。私たちは会議に遅れそうです）
4. -чих （君は今後タバコを吸うのをやめてしまいなさい）
5. -схий- （彼らはさっき出て行きました。もうそろそろ入ってくるでしょう）
6. -аадах- （最初に皆さんにモンゴルの習慣について簡単に今すぐ紹介しましょう）

A.2

1	Г	Ү	Й	Л	**Т**			
		2	Х	**А**	Р	А	Й	Х
		3	Г	И	**М**	Н	А	С	Т	И	К
		4	Ө	Ш	**И**	Г	Л	Ө	Х
5	Т	Э	Ш	Ү	Ү	**Р**		
6	Ш	Ү	Ү	Г	**Ч**			
		7	Ш	И	Д	Э	Х	
		8	Ц	А	**Н**	А	

答　　　тамирчин　　　（ 選手 ）

B.1

1.1
-ж бай-, -өөд л бай-, -ж бай-, -сан бай-,
-аад л бай-, -даг бай-, -сэн бай-, -дэг бай-

（全訳）
　うちは最近から家の中で一匹の子犬を飼っています。うちの子犬はとてもかわいくて、また賢いです。子犬は弟と遊ぶのが大好きです。特に休日は一緒に遊んで、ずっと追いかけ合っています。私たちの誰かが「しーっ、静かに」と言えば、子犬はすぐに寝ているふりをして横になってしまいます。そうしていて時々本当に寝てしまっています。その時、音を立てなければ、子犬はずっと寝ています。最初はいつもミルクを飲んでいましたが、今はそうではありません。時々弟はえさを多くやりすぎてしまっているので、お母さんは量を調整し

— 250 —

て入れてやるようになりました。弟と私の動物を飼いたいと思っていた夢はこうして実現したのです。

1.2

1. -чих-, -схий-, -ээдэх-
（全訳）
　君はどうしてしまったのですか。顔が少し赤くなっています。熱があるんじゃないの。熱を今すぐ計ってみましょう。いいですか。

2. -ээдэх-, -чих-, -схий-
（全訳）
　私はカーテンを今すぐ開けましょう。ああ、どうしよう。日が上に昇ってしまっているよ。少し速く行かなければ今日のすべての仕事はだめになるよ。

B.2

2.1

1. Чамайг гэртээ ирэхэд бороо орж байсан уу?
2. Танай сургуульд монгол хэл сурч байгаа хүн нийтдээ хэд байна вэ?
3. Тэр хүүхэд гадаа ээжийгээ хүлээгээд л байна.
4. Дорж шөнө дунд болтол даалгавраа хийгээд л байсан.
5. Би Монголд байхдаа Лувсандорж багшаар монгол хэл заалгадаг байсан.
6. Биднийг бага байхад эмээ маань дандаа оройн хоол хийдэг байсан.
7. Өглөө босоход цас нэлээн орсон байсан.
8. Багшийг ангид орж ирэхэд сурагчид заавал самбар арчсан байдаг.

2.2

1. Би автобусан дотор түрийвчээ хулгайд алдчихлаа.
2. Намайг кино театрт очиход тэр кино нэгэнт эхэлчихсэн байсан.

— 251 —

3. Та нар жаахан ойртосхий. Инээгээрэй. Авлаа шүү.
4. Урагшаа зогсож байгаа хүмүүс, бага зэрэг ухарсхий.
5. Би өглөөнөөс халуунтай юм шиг байна.
   Халуунаа үзээдэхье.
6. Та үүнийг уншиж чадахгүй байна уу?
   Алив, би уншаадахъя.

第14課

A.1

1.1
1. үз- （すみません、このデールを着てみてもいいですか）
2. эхэл- （朝から急に雪が降り始めたのです）
3. орхи- （君にこのことを言うのをすっかり忘れてしまったのです、私は）
4. өг- （あなたは私にもう一度言ってください。私は書いておきましょう）
5. гар- （休み時間になり、生徒たちは大勢で騒ぎ出しました）
6. ав- （この放送からたくさんの新しいことを知り得ました）
7. суу- （おばあちゃん、あなたはこの寒い中ずっと何をしているのですか）
8. ав- （彼の住所を君はメモしておいた方がいいのじゃないの）
9. өг- （どれ、私は君に描いてあげよう）
10. эхэл- （フィギュアスケート選手の女性は、滑る前に緊張し始めたようです）
11. суу- （バトさんはいつもずっと何か書いているのです）
12. орхи-
    （田中は不注意のせいで魚の身を骨と一緒に飲み込んでしまったのです）
13. гар- （熊を恐れた猟師は、むやみやたらに撃ち出したのです）
14. үз- （私は中国に一度も行ったことがありません）

1.2
1. эрүүл 2. чанар 3. эх 4. ам 5. нам
6. их 7. мажил 8. залгай 9. тов 10. хүв

A.2

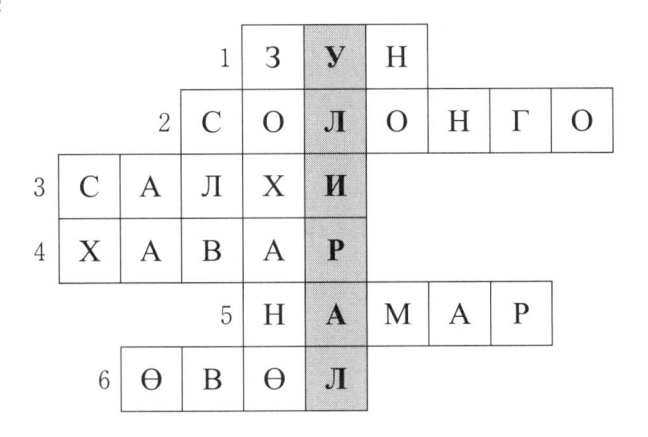

		1	З	**У**	Н		
		2	С	О	**Л**	О	Н	Г	О
3	С	А	Л	Х	**И**		
4	Х	А	В	А	**Р**		
		5	Н	**А**	М	А	Р
		6	Ө	В	Ө	**Л**	

答　　__улирал__　（ 季節 ）

B.1

1.1

хуулж ав-,　наагаад өг-,　уйлж гар-,
яаж орхи-,　гэмшиж суу-,　нааж үз-,
хайж эхэл-

（全訳）

バヤルは自分の部屋の壁に貼った絵を<u>はがし取りました</u>。ところが、彼の弟がもう1枚絵を持ってきて、これを<u>貼ってちょうだい</u>と言いました。バヤルはそれを貼ろうとしていて破ってしまいました。それを見た弟は、大声で<u>泣き出した</u>のです。ところが、向こうの部屋から父親が「おまえたちはまた<u>どうしてしまったのか</u>」とどなったのです。バヤルは自分の不注意さを<u>ずっと後悔して</u>いました。この時、彼の部屋に入ってきた姉が破れた絵を元通りにして<u>貼ってみました</u>。こうして絵は完全になりましたが、弟は破れた絵は貼らないと言って、他の絵を<u>探し始めた</u>のです。

— 253 —

1.2

аз жаргал, эрх чөлөө, улс төр, үзэл суртл,
ард түмн, эрх ашиг, баян ядуу, хүн төрөлхтөн

(全訳)
　この世界に生まれた人は皆、しあわせで、自由に生き、教育を受ける十分な権利を持っています。しかし、一部の地域では、政治的イデオロギーのせいで国民の権益が犯されることが多くあります。さらに、経済危機によって貧富の差が大きい国もあります。こうして見ると、人類は本当に平等な権利を持っているのだろうか、どうだろうか。

B.2

2.1

1. Чи одоо миний утасны дугаарыг бичиж аваарай.
2. Та бидний зургийг аваад өгөхгүй юу.
3. Манайхаас хэн ч гадаад руу явж үзээгүй.
4. Би өнөөдөр гэрээсээ толь бичгээ авчрахаа мартаж орхисон байна.
5. Ээж нь өдөр бүр хүүгийнхээ буцаж ирэхийг хүлээж суугаа даа.
6. Ганцаараа гэрээ сахиж байсан хүүхэд нь ээжийгээ харангуутаа гэнэт чанга дуугаар уйлж гарчээ.
7. Би хоёр сарын өмнөөс нэг өгүүлэл бичиж эхлээд, өчигдөр арай гэж дуусгалаа.

2.2

1. Та ах дүү хэдүүлээ вэ?
2. Сүүлийн хэдэн жил түүнээс ямар ч сураг чимээ алга байна.
3. Хүүхдээ усанд оруулахын өмнө усны халуун хүйтнийг нь сайн тохируулах хэрэгтэй шүү.
4. Ойрдоо ажил ихтэй болохоор кино мино үзэх зав ч

— 254 —

гарахгүй л байна.
5. Та хоёр яасан <u>ав адилхан</u> хүүхдүүд вэ. Арай ихэр биш биз?

第15課

A.1
1.1
1. даа, байлгүй дээ （先週の火曜日に送った私の小包を私の家族は受け取っただろうかな。— 今頃きっと受け取ったはずだよ）
2. шүү, байхаа （君の本をここに置きましたよ。今日君はそれを持って行くと言ったでしょう）
3. байхаа, шив дээ （君は昨日「明日早く起きる」と言ったでしょう。それなのに一番最後に起きているようだね）
4. байхгүй юу, байз （行く必要はないよ。おばあちゃんは私と電話で話す時、一人でこちらに来ることができると言ったんですよ。— いくらそう言っていたとしても、私が行って連れてきますね）
5. биз дээ, шүү （君はこのコートをこの冬も着るんでしょ？そしたら早めにクリーニングに出してきれいにしてもらった方がいいよ）
6. шүү, байхаа （もち米を大量に炊いたよ。— ああ、よかった。きっとたくさんの家の子供が来るでしょう）
7. биз дээ, шүү （あなたも今日私に髪を切ってもらうんでしょ？— はい。さらに染めてもらいますよ）
8. даа, байлгүй дээ （君のお母さんが来る気配はありません。私たちは行こうよ。— 少し待ってよ。すぐに来るはずだよ）
9. байхаа, шив дээ （おめでとう。今日は君の誕生日でしょう。— ありがとう。でも、君だけ一番最後におめでとうと言っているようだね）
10. байхгүй юу, байз （このすべての花をお母さんじゃなくて、私が植えたんですよ。— そうですか。何てきれいなんでしょう。私も家で花を植えますね）

1.2
1. хэнийх, Минийх （このコンピューターは誰のですか。君のですか。

― いいえ。私のではなくて、私の友達のです)
2. Манайхан （あなたの家族はいつこちらへ来るつもりですか。― 私の家族は夏こそこちらに来るだろうかな)
3. Танайх （おたくは大阪の一体どこにありますか。― うちは大阪の箕面市にあります)
4. манайхаар （あなたはいつうちに来るつもりですか。― そうですねえ。とにかく帰る前には行きます)
5. хаанахын （太郎、君は車についてよく知っているよね。これはどこのどんな車ですか)
6. түрүүчийнхийг （君は前回よりも今回の試験で非常に高得点を取りましたよ)

A.2

1	Д	А	**Х**	И	Л	Т
	2	Х	**Ө**	Ш	И	Г
		3	**Т**	А	Й	З
	4	Х	**Ө**	Г	Ж	И	М
5	А	Я	**Л**	Г	У	У
6	Б	Ө	М	**Б**	Ө	Р
7	Х	Ө	**Ө**	М	И	Й
8	Б	Ү	**Р**	Э	Э

答　　　хөтөлбөр　　　（　プログラム　）

B.1

1.1

шүү дээ, биз дээ, даа, шүү, байлгүй дээ, байхаа

(全訳)

　各国はそれぞれ異なる習慣を持っていますよね。例えば、モンゴルで人がくしゃみをすれば、そばの人は「神様お許し下さい」と言うのをあなたはきっと聞いたことがある<u>でしょうね</u>。ところが、日本ではそのような習慣はありませんね。しかし、私の日本人の友達の話では、人がもし1回くしゃみをすれば、「誰かがあなたをほめている」と言うそうです。2回くしゃみをすれば、「誰かがあなたの悪口を言っている」と言うそうです。3回くしゃみをすれば、「誰かがあなたにほれている」と言うそうです。4回くしゃみをすれば、「あなたは風邪を引いたのです」と言うそうです<u>よ</u>。このことを聞いた誰でも「間違いなく事実だ」と言わない<u>はずだよ</u>。私の考えでは、これは「迷信」<u>でしょう</u>。

1.2

1. Танайх, захад　（私の家はどこにありますか。— <u>あなたの家は<u>郊外</u>にあります</u>）
2. Тэднийх, дөрвүүлээ　（太郎の家は何人家族ですか。— <u>彼の家</u>は<u>4人</u>家族です）
3. Арван дөрвөн　（私の家から学校まで何km離れていますか。— <u>14km</u>離れています）
4. Хоёр зуун　（太郎の家から学校までバスで行くのにいくらですか。— <u>200</u>円です）

B.2

2.1

1. Тэр дуучин үнэхээр авьяастай хүн <u>дээ</u>.
2. Чи ханиадтай учраас өнөөдөр гэрээсээ гарч болохгүй <u>шүү</u>.
3. Та японоор сайн ярьдаг <u>биз дээ</u>.
4. Энэ хуралд судлаачдаар барахгүй, оюутнууд ч оролцож болох <u>байхаа</u>.

5. Надаар өөр онцын сонин юм алга шив дээ.
6. Дорж өчигдөр лав хөдөө явсан байлгүй дээ.
7. Энэ морины зургийг би дунд сургуульд байхдаа өөрөө зурсан юм байхгүй юу.

2.2
1. Энэ толь бичиг хэнийх вэ?
   — Хэнийх болохыг нь сайн мэдэхгүй байна.
2. Танайх ам бүл хэдүүлээ вэ?
   — Манайх ам бүл зургуулаа.
3. Энэ бүтэн сайн өдөр та завтай бол манайхаар очоорой.
   — Хэдэн цагийн үед очвол дээр вэ?
4. Манай ангийнхан бүгдээрээ бие биедээ тусалдаг.
5. Гурван сарын өмнөхийг бодвол та монгол хэлэнд нэлээн сайн болсон байна шүү.

第16課

A.1

1.1
1. жараад （1960年代から現在まで、ビートルズ・グループの歌は、依然として若者たちの聞きたい歌の一つです。）
2. нэгдүгээр （日本では、毎年1月10日に成人の日を祝います）
3. Хоёрдахь （その両国の大統領が会うのは何回目ですか。— 2回目です）
4. Есүүлээ （あなたたちは何人で田舎へ行きますか。— 9人です）
5. Зургадугаар （モンゴルでは、何月に子供の日を祝うのか知っていますか。— 知っています。6月1日ですよ）
6. олуулаа （あなたたちはこちらへ大勢で来ましたか）
7. Гуравдахь （昨日は何曜日でしたっけ。— 水曜日です）
8. арваад （この仕事をし終えるのに、少なく見て10日ほど必要だろうと思っています）
9. Тавдугаар （君は図書館の何階で働いていますか。— 5階です）

— 258 —

1.2
a. 1. шар 2. улаан 3. цагаан 4. хөх 5. хар
   6. улаан 7. цагаан 8. хар 9. шар 10. хөх

b. 1. бор 2. цэнхэр 3. ногоон 4. саарал 5. ягаан

А.2

1	Б	У	У	**З**		
		2	З	**О**	Ч	И	Н
	3	Б	Э	**Л**	Э	Г
	4	Ц	А	**Г**	А	А	Н
5	Ё	С	Л	**О**	Л	
			6	**Х**	А	Д	А	Г

答　　золгох　　（ 新年のあいさつをかわす ）

В.1

1.1

тавдахь, олуулаа, Хоёулаа, арван нэгдүгээр, арваад, гуравдахь, гучаад

（全訳）
　先週の金曜日、私は友人たちと明日が休日という理由で一晩中バスケットボールをしました。遊んでいるとき、私たちはのどが渇きました。私たちは大勢だったので、持ってきた飲み物はすぐに終わってしまいました。それで、飲み

物を買ってくるために、バヤルが行くことになり、出かけようとしたところ、私を呼んで「二人で行ってこよう」と言いました。私たちは行く途中、たくさんのことを話し合いました。バヤルは、この11月の初めに入隊することになったことを私に突然話しました。彼は10人ぐらいの子供を持つ家庭の末っ子なので、とても甘やかされて育ち、体が弱いと聞いていたので、ひどく驚きました。彼にどうしたのかと尋ねると、彼に召集令状が来たのが3度目だったので、どうしようもなかったと言いました。戻ってきてから、私はバヤルのことを友人たちに言うと、彼らも驚いて一斉に黙ってしまいました。ところが、バータルが口を開き、「大丈夫さ。何も1920年、30年代の軍隊じゃないよ。現代の軍隊なんだから」と言って笑いました。この言葉は私の気持ちをも安心させました。

1.2

1. Болд 2. Чимгээ 3. Цэцгээ 4. Оюун 5. Баатар

（全訳）
　人は皆、それぞれ異なる色が好きです。例えば、うちのクラスのボルドは白色が、バータルは黒色が、ツェツゲーは赤色が、チムゲーは青色が、オヨーンは黄色が好きです。私は緑色が好きです。
　もしうちのクラスメートを、その好きな色のいすに座らせれば、
　1. 真ん中に誰が座りますか。（→ ボルド）
　2. 右側に誰が座りますか。（→ チムゲー）
　3. 前に誰が座りますか。（→ ツェツゲー）
　4. 左側に誰が座りますか。（→ オヨーン）
　5. 後ろに誰が座りますか。（→ バータル）

B.2

2.1

1. Монголд жил бүрийн долдугаар сарын арван нэгнээс арван гуравны хооронд наадам болдог.
2. Арван гуравдугаар зуунд Монгол улс нь дэлхийн хагасыг эзэлж байжээ.
3. Түрүүчийн дөрөвдэх өдөр хэдэн байсан билээ?

4. Монголын ерөнхий сайд Японд <u>тавдахь</u> удаагаа айлчилж байна.
5. Та ах дүү <u>хэдүүлээ</u> вэ? — Би ах дүү <u>долуулаа</u>.
6. Бид <u>арвуулаа</u> маргаашаас багшлах дадлага хийхээр хөдөө явна.
7. Манай их сургууль <u>зуун тавиад</u> багш, <u>гурван мянгаад</u> оюутантай.
8. Монгол улс мянга есөн зуун <u>ерээд</u> оны эхээр социалист нийгмээс ардчилсан нийгэмд шилжсэн.

2.2
1. Монголчууд эртнээс нааш <u>цагаан идээнд</u> дуртай.
2. Монголд зуд, Японд <u>далайн хар салхи</u> зэрэг байгалийн гамшиг жил бүр болдог.
3. <u>Улаан загалмайн нийгэмлэгийн</u> ачаар өдөр бүр дэлхийн олон хүний амь авраг даж байна.
4. Нялх хүүхдийн бөгс <u>хөх толботой</u> байдаг нь монгол япон хүмүүсийн нийтлэг онцлог юм.
5. <u>Ногоон гэрлээр</u> зам хөндлөн гаараарай.
6. Японд <u>шар шувууг</u> "аз жаргал дууддаг шувуу" гэж бэлэгшээдэг.

第17課

A.1

1.1
1. бол （もし彼らが私の代わりだったら、どうしただろうか）
2. билүү （先生はこれも宿題に出したっけ）
3. болов уу （明日天気は晴れだろうか）
4. билээ （君の弟は今年、大学の何年生だったっけ）
5. билүү （おたくの下の息子さんは弁護士だったっけ）
6. билээ （ええと、私はあの辞書を自分のかばんに入れたっけ、どうしたっけ）

— 261 —

7. болов уу, бол （今日の郵便で送れば、そちらに年明け前に間に合って着くだろうか。どうだろうか）

1.2
1. Тээр, тэр
2. бүр, бүүр
3. Тээр, тэр

A.2

	1	О	Н	Г	О	Ц	
		2	Б	И	Л	Е	Т
3	С	А	Н	С	А	Р	
		4	А	Г	А	А	Р
5	Т	Э	Э	В	Э	Р	
		6	Г	А	А	Л	Ь
	7	А	Ч	А	А		

答　　__нисгэгч__　（ パイロット ）

B.1

1.1
болов уу, бол, билээ, билүү,
билээ, билүү, болов уу, бол

（全訳）

妹：お姉ちゃん、この靴はうちのお母さんに合う<u>かな</u>、どう<u>かな</u>。お姉ちゃん、見てよ。
姉：お母さんはどのサイズをはいてい<u>たっけ</u>。
妹：そうねえ。
姉：あなたはお母さんのサイズをメモしなかっ<u>たっけ</u>。
妹：したよ。でも、私はそれをどこに入れ<u>たかな</u>。
姉：あなたは自分のかばんに入れなかっ<u>たっけ</u>。
妹：私のかばんにないよ。私はなくしてしまったの<u>かな</u>、どうしたの<u>かな</u>。
姉：あるはずなのに。

1.2

1. бүр, бүүр, Тээр, тэр

（全訳）
　田舎の牧民の家は<u>すべて</u>、<u>もっと</u>寒くなる前に冬営地に宿営するのです。<u>ずっと向こうの</u><u>あの</u>山の向こうにうちの父の冬営地があります。

2. Тэр, тээр, бүр, бүүр

（全訳）
　<u>その</u>家は、<u>ずっと前のその</u>年、ゾド(冬の雪害)で多くの家畜を死なせたのです。しかし、その翌年、彼らの雌の家畜は<u>すべて</u>出産し、<u>もっと</u>多くの家畜を持つようになったよ。

B.2

2.1

1. Монголд цэргийн баярыг хэзээ тэмдэглэдэг <u>билээ</u>?
　— Гуравдугаар сарын арван найманд шүү дээ.
2. Та бид хоёр урьд нь японы монголч эрдэмтдийн хаврын их хурал дээр уулзсан <u>билүү</u>?
3. Багш маань өнөөдөр хичээлдээ ирэхгүй яасан юм <u>бол</u>?
4. Одоо таксигаар явбал кино эхлэхээс өмнө очиж амжих

— 263 —

болов уу?

2.2
a. 1. その年、日本は台風のせいで大規模な被害を受けたのです。
   2. ずっと前のその年、日本は台風のせいで大規模な被害を受けたのです。

b. 1. 私たちはしている仕事に夢中になって、完全に夜になってしまったことに全く気づきませんでした。
   2. 私たちはしている仕事に夢中になって、もうすっかり夜になってしまったことに全く気づきませんでした。

第18課

A.1

1.1
1. -тэй （うちのクラスでバトは一番力が強い）
2. -лзгэнэ （トンボは何の種類に属しますか）
3. -хай （馬を下手に描く子供は、モンゴルで比較的少ない）
4. -н （飛行機で行くよりも新幹線(lit. 速い汽車)で行った方が良いと思います）
5. -тэн （日本のモンゴル学者がうちの大学の学生たちに講演しました）
6. -гүй （すみません、ちょうど今私は非常に忙しいのです）
7. -чин （うちの職場から近くに散髪屋がありますよ）
8. -вч （飛行機のスチュワーデスは乗客たちにヘッドホンを配りました）
9. -рхаг （モンゴル国は、西側が山がちで、ゴビとハンガイの両方がそろった美しい所が数多くあります）
10. -гтэй （女性の靴売り場は何階にありますか）
11. -лдэй （私は京都から着物を着た人形を買いました）
12. -лэг （もし甘い物を食べたら、その後必ず歯をみがいていなさい）
13. -ч （観察の鋭い人だけがこれの違いを見つけることができるよ）
14. -нцар （最近、プラスチック製品を人間の健康に悪いと批判する人もいます）
15. -хэн （この靴はちょっと小さめです。大きいサイズはありますか）
16. -цөг （おたくのクラスにある地球儀は何て大きいのでしょう）

1.2
1. -лт　（あなたの研究の結論は何ですか）
2. -аас　（このテキストの線を引いた部分だけを訳しなさい）
3. -мэл　（医者は彼に入れ歯(lit. 人工の歯)をした方が良いと勧めました）
4. -хүй　（何を五感(lit. 五つの感覚)と言いますか）
5. -мшиг　（世界の七不思議に何々があるのか知っていますか）
6. -үүр　（君の探していた鍵はここにあります）
7. -мтгой　（バトさんの妻はとても客をよくもてなす性格の人ですよ）
8. -гор　（食事を食べる時、よくかまないせいで出っ歯になりますか）
9. -үүл　（警官たちは昼も夜もパトロールをするようです）
10. -м　（孤児の子供たちは哀れむような目で私たちを見ていました）

A.2

		6	С	А	Й	Н	
		3	О	Х	И	Н	
5	З	Ө	Ө	Л	Ө	Н	
		1	Б	О	Г	И	Н О
		4	Ө	Н	Д	Ө	Р
2	Т	Э	Н	Г	Э	Р	
		7	О	Р	О	Х	

答　＿＿солонго＿＿　（虹）

— 265 —

B.1

1.1
1. малчин （家畜を放牧して暮らす人 → 牧民）
2. мэргэжилтэн （専門を身につけた人 → 専門家）
3. цэвэрч （きれいであるのが好きな → きれい好きな）
4. хуруувч （ものを縫う時、指にはめる物 → 指ぬき）
5. ихэмсэг （人の大きな性格をした様子 → 傲慢な、横柄な）
6. ажилсаг （仕事をするのが上手な → 仕事熱心な）
7. нусгай （鼻水がよく垂れる → 鼻水を垂らした）
8. ганцхан （たった一つ → たった一つの、唯一の）
9. уулархаг （山が多い → 山の多い、山がちな）
10. тослог （油が多い → 油っこい）

1.2
1. цатгалан （人、動物の飲食して満腹した様子 → 満腹）
2. сургамж （教え示した言葉 → 教訓）
3. хөргөгч （冷やす設備 → 冷蔵庫）
4. нөхөөс （穴のあいた部分をふさぎ、継ぎ当てして縫った物 → 継ぎ当て）
5. гулсуур （子供が滑って遊ぶのに向けた物 → 滑り台）
6. урилга （人を招待するのに送る書類 → 招待状）
7. зовлон （身心が苦しむ様子 → 苦しみ）
8. дууриамал （似せて作った物 → 模造、レプリカ）
9. шовгор （ものの先がとがった様子 → 先のとがった）
10. мартамхай （あらゆることをよく忘れる → 忘れっぽい）

B.2

2.1
1. жүжигчин （薬：医者 = 劇：俳優）
2. худалч （毛：散髪屋 = うそ：うそつき）
3. дайсан （契約：遺言 = 戦争：敵）
4. онцгой （悪い：きたない = 特別の：特別な）
5. бөмбөрцөг （腎臓：砲丸 = 太鼓：地球）

6. тэмээлзгэнэ （八：たこ ＝ ラクダ：トンボ）
7. баялаг （味：おいしい ＝ 富：豊かな）
8. жижигхэн （娘：人形 ＝ 小さい：かなり小さい）
9. хөнгөмсөг （茶：お茶好きな ＝ 軽い：軽率な）
10. гандуу （細い：やや細い ＝ 干ばつ：やや干ばつ状態の）
11. дээрэлхүү （礼儀：礼儀正しい ＝ 上：高圧的な）
12. хойно （下へ：下に ＝ 北へ：北に）
13. хүмүүс （動物：動物たち ＝ 人：人々）
14. долдугаар （四：第四の ＝ 七：第七の）
15. хоёулаа （九：九人で ＝ 二：二人で）

2.2
1. тэмцээн （越える：峠 ＝ 闘う：試合）
2. зураач （学ぶ：生徒 ＝ 描く：画家）
3. тагнуул （書く：書記 ＝ 探る：スパイ）
4. хөдөлмөр （解く：説明 ＝ 動く：労働）
5. эмчилгээ （吹き荒れる：嵐 ＝ 治療する：治療）
6. хэлтгий （ふっくらしている：ふっくらした ＝ 傾く：斜めの）
7. ханиад （小便する：小便 ＝ 咳をする：咳）
8. олз （行く：過程 ＝ 得る：獲物）
9. амжилт （思う：意見 ＝ 間に合う：成功）
10. зочломтгой
　　（忘れる：忘れっぽい ＝ 客をもてなす：客をよくもてなす）
11. суурь （存在する：場所 ＝ 座る：基礎）
12. тэнцүү （熱くなる：熱い ＝ つり合う：等しい）
13. алчуур （刈る：鎌 ＝ 拭く：拭く物）
14. бариул （掛ける：洋服かけ ＝ 握る：取っ手）
15. торгууль （苦しむ：苦痛 ＝ 罰金を科する：罰金）

第19課

A.1

1.1

1. -жир- （病人の体はかなり良くなりました）
2. -ца- （あなたたちが暑く感じているなら、私はクーラーをつけましょう）
3. -ши- （モンゴルの作家たちのうち、Ch.ロドイダンバは、『トンガラグ・タミル（清きタミル川）』の小説で大衆に有名になりました）
4. -до- （お兄さんのシャツなので、私にはちょっと大きすぎます）
5. -рэ- （今年も北海道で雪がかなり降り、寒くなりました）
6. -та- （髪の毛にふけがでるとは一体どうすることを言っていますか）
7. -шаа- （バレーボールの試合に勝ったチームの生徒たちを、彼らの先生たちは賞賛しほめました）
8. -лэ- （私の兄は寝る前に必ず自分の部屋をそうじする習慣があります）
9. -с- （どんな季節になると日が短くなりますか）
10. -ж- （自然史博物館に行けば、恐竜の化石の卵を見ることができますよ）
11. -са- （私たちは夏の間ずっと乳製品を食べ続けていて肉を食べたくなってしまいました）
12. -рха- （自分の生まれ故郷を誇りに思う人の数が最近急激にふえました）
13. -с- （バトは風で吹き飛んだ自分の帽子を取りに走って戻りました）
14. -шро- （つい最近からモンゴルでは、海外に出て働く興味のある人がふえる傾向にあるって本当ですか）
15. -вчил- （あなたの会社がどうやって仕事を軽減することができたかについて私たちに話して下さい）

1.2

1. -хира- （彼は頭を枕の上に置くとすぐにいびきをかいて寝ました）
2. -ла- （母親は子羊を目で探しながらメーと鳴きました）
3. -ши- （ボルドは上司の部屋のドアをノックして立っているのが見えました）
4. -гэнэ- （私たちの頭の上をたくさんの蜂がブンブンと飛んで通り過ぎました）
5. -л- （おばあちゃんは妹を茶碗を割ったと叱りました）
6. -рэ- （大衆の前でげっぷをするのは失礼な事です）
7. -на- （バトが座るやいなや、いすはキーキーきしむ音をたてました）
8. -ра- （机の上から落ちた皿がガチャンと音をたてて割れました）

— 268 —

9. -хила- (うちのおじいちゃんは疲れた様子でハーハー息を切らして立っていました)
10. -гэ- (すずめの群れがさえずって飛んできました)
11. -чи- (ライオンがつかまえた動物の肉を何度も引き裂いて食べるのは恐ろしい)
12. -шир- (カササギは家畜小屋の上に止まり、カシャ、カシャと鳴いていました)
13. -жигнэ- (講演をしに招待されてきた名誉教授の先生を学生たちは割れるような(lit. 鳴り響くほど)拍手をして歓迎しました)

A.2

1	**Ш**	А	А	М	И	Й
2	Г	**О**	Н	З	Г	О	Й
3	Б	А	**В**	Г	А	Р
4	С	А	**Г**	Л	А	Г	А	Р
5	Д	**О**	Р	С	Г	О	Р
6	Ч	Ө	**Р**	Д	Г	Ө	Р

答　　шовгор　　（　先のとがった　）

B.1

1.1
1. хөрөөдөх （鋸で切る → 鋸で切る）
2. тоолох （数を順番に言う → 数える）
3. чулуужих （石のように硬くなる → 化石化する）
4. хямдрах （物の値段が安くなる → 安くなる）

5. тайвшрах （心が平和になる → 落ち着く）
6. багадах （極端に小さくなる → 小さすぎる）
7. дургүйцэх （嫌いになる → 嫌いになる）
8. мөстөх （氷ができる → 氷になる、凍る）
9. атаархах （しっとする → しっとする、ねたむ）
10. өөрчлөх （異なるようにする → 変える、改める）

1.2

   нижигнэ-, шааги-, жиргэ-, мөөрө-,
   майла-, аахила-, хурхира-, шивнэ-, хоржигно-

（全訳）
　昨夜遠くで雷がゴロゴロと鳴り、雨がザーザー降る音を聞きながら、私はぐっすり眠ってしまっていました。ひばりがさえずる音で目覚め、家から出ると子牛がモーと鳴き、子山羊・子羊が一斉にメーと鳴き、牧草地に出ているのが見えました。すると、弟がハーハー息を切らして走ってきて、「あなたはゆっくり休むことができましたか。一晩中ずっといびきをかいていました」と言いました。私が「ゆっくり休んだ」と言うと、彼は何かささやいて言いましたが私には聞こえませんでした。しかしながら、近くにある泉の水がサラサラと音をたてて流れるのがはっきり聞こえていました。

B.2

2.1
1. утасдах （はさみ：はさみで切る ＝ 電話：電話をかける）
2. самнах （ボタン：ボタンをかける ＝ くし：髪をとかす）
3. агнах （仕事：仕事をする ＝ 狩り：狩りをする）
4. харлах （寒い：寒くなる ＝ 黒い：黒くなる）
5. хиртэх （貧しい：貧しくなる ＝ 汚れ：汚れる）
6. алдарших （年取った：年を取る ＝ 名声：名声を得る）
7. цөлжих （大きい：大きくなる ＝ 砂漠：砂漠化する）
8. олшрох （良い：良くなる ＝ たくさんの：ふえる）
9. дээрэлхэх （満足：誇りに思う ＝ 上：いじめる）
10. чухалчлах （間違った：非難する ＝ 重要な：重要視する）

2.2
1. мөөрөх （牛 → モーと鳴く）
2. майлах （羊、山羊 → メーと鳴く）
3. архирах （ライオン → ウォーッと吠える）
4. жиргэх （ひばり → ピーチクさえずる）
5. гуаглах （カラス → カーカー鳴く）
6. дүнгэнэх （蜂 → ブーンと鳴る）
7. вааглах （カエル → クワックワッ鳴く）
8. хоржигнох （小川の水 → サラサラ音がする）
9. шаагих （激しい雨 → ザーザー降る）
10. жингэнэх （小さな鈴 → リンリン鳴る）
11. хяхнах （荷車のタイヤ → キーキーきしむ）
12. түгших （心臓 → ドキドキする）
13. хурхирах （眠っている人 → グーグーいびきをかく）
14. аахилах （息を切らしている人 → ハーハー息が切れる）
15. порчигнох （沸騰している水 → ブクブク音がする）

第20課

A.1

1.1
1. зөрүүд （《人の言うことを聞かない》→ 頑固な）
2. чалчаа （《無駄話をするのが好きな》→ おしゃべりな）
3. онгироо （《自分のことを自慢して話すのが好きな》→ 威張った）
4. шаламгай （《動きの速い》→ すばやい）
5. өглөгч （《誰からも何も物惜しみしない》→ 気前のよい）
6. үрэлгэн （《お金を節約しない》→ 浪費癖のある）
7. хайнга （《物事に注意しないで振舞う》→ いいかげんな）
8. зусарч （《自分に利益のある人だけにやさしく振舞う》→ おべっかを使う）
9. хямгач （《ものを非常に大事に使う》→ 倹約する）
10. нүүрэмгий （《恥じることを知らない》→ 恥知らずの）

1.2
1. ав-　(газар авах《場所を取る》→ 物事がますます広まる)
2. гар-　(гараас гарах《手から出る》→ 子供が成長して手間がかからなくなる、手が離れる)
3. харва-　(сур харвах《弓を射る》→（婉曲）下痢をする)
4. ор-　(аминд орох《命に入る》→ 非常に役に立つ)
5. дав-　(даваа давах《峠を越える》→ 困難を乗り越える、山を越す)
6. тоол-　(хорголоо тоолох《家畜の小さな丸い糞を数える》→ けちけちする)
7. цухуй-　(зэс нь цухуйх《銅がのぞく》→ 本性が現れる、化けの皮がはがれる)
8. муруй-　(ам муруйх《口が曲がる》→ 口げんかする、言い争う)
9. хар-　(морь харах《馬を見る》→（婉曲）トイレに行く、用を足す)
10. бөмбөрүүл-　(алган дээрээ бөмбөрүүлэх《(〜を)掌の上で転がす》→ ひどく甘やかす、過保護に育てる)
11. харла-　(гол харлах《中心(心の中)が黒くなる》→ 悔やむ、残念に思う)
12. өргө-　(алтан хошуу өргөх《金のくちばしを持ち上げる》→ 人の秘密・過ちなどを他人に言いつける、告げ口する)

A.2
1. туулай (《急ぐうさぎはアキレス腱に糞がつく》→ 物事を急いであわてて行う者は、かえって失敗するものだ、という意。「急いては事を仕損じる」の類)
2. Ямааны (《山羊の肉は熱いうちに》→ 何事も時間を無駄にしないで早いうちに実行に移すのがよい、という意。「善は急げ」の類)
3. Гахай (《災いは地面の下から、猪は森林の中から》→ 災難は突然やって来るものだから、普段から十分注意すべきである、という意。「災難の先触れはない」の類)
4. бүтдэг (《思って行けば実現する、ゆっくり行けば到着する》→ 常にしっかりした目標を持ち続ければ、どんな事でもいつかは必ず成し遂げることができる、という意。「志ある者は事竟に成る」の類)
5. Эрт (《早く起きれば何かを見る、遅く寝れば何かを聞く》→ 朝早く起き夜

遅く寝て、できるだけ睡眠時間を少なく抑える人は、それだけ一層世の中の見聞を広めることができる、という意。「早起きは三文の徳」の類)

6. захтай (《人に長あり、衣に襟あり》→ 人は世の中の規律を守り、年長者を敬わなければならない、という意。「雁に長 少の列あり」の類)

7. Уралдвал (《努力すれば何かを実現する、競争すれば誰かが先頭に立つ》→ 人はその気になって努力すれば、どんな事でもできるものだ、という意。「為せば成る」の類)

		4	**Б**	У	Т	Д	Э	Г
	6	З	**А**	Х	Т	А	Й	
		2	**Я**	М	А	А	Н	Ы
		5	Э	**Р**	Т			
		1	**Т**	У	У	Л	А	Й
	7	У	Р	**А**	Л	Д	В	А	Л
3	Г	А	Х	А	**Й**			

答　　баяртай　　(さようなら)

B.1

1.1

a. 1. үнэнч （正直な、誠実な）
   2. зүрхтэй （勇気ある、勇敢な）
   3. зусарч （おべっかを使う）
   4. мангар （馬鹿な、愚かな）
   5. ховдог （欲張りな、貪欲な）

— 273 —

6. толгойтой （賢い、頭のよい）
7. сагсуу （威張った、自慢たらしい）
8. нарийн （けちな）
9. заваан （汚い）
10. дээрэнгүй （横柄な、高慢な）

b. 1. соёлтой （品のある ↔ 下品な）
2. ажилсаг （仕事熱心な ↔ 怠け者の）
3. худалч （うそつき ↔ 正直な）
4. аймхай （臆病な ↔ 勇敢な）
5. дуулгавартай （素直な ↔ 頑固な）
6. нүүрэмгий （恥知らずの ↔ 恥ずかしがりの）
7. даруу （控え目な ↔ 威張った）
8. сахилгагүй （腕白な ↔ おとなしい）
9. хямгач （倹約する ↔ 浪費癖のある）
10. зожиг （一匹狼の ↔ 社交的な）

1.2
1. борви бохисхий-, хотоо харлуул-, толгойгоо ганзагал-

борви бохисхийх завгүй （《アキレス腱をちょっと曲げる暇もない》→ ひと休みする暇もない、息をつく暇もない）
хотоо харлуулах （《家畜小屋を黒くさせる》→ 家畜に死なれて家畜小屋が空っぽになる）
толгойгоо ганзагалах （《頭を鞍ひもに結びつける》→ 元気なくしょげる、がっかりする）

（全訳）
ゾド(冬の雪害)になったその年、牧民たちは、息をつく暇もなく働いていましたが、多くの家は家畜に死なれてがっかりしたのです。

2. нүд хужирла-, гар цайлга-, гар тата-

нүд хужирлах　(《目にソーダを与える》→ 目を楽しませる、目の保養をする)

гар цайлгах　(《手を白くする》→ 物を与える、プレゼントする)

гар татах　(《手を引く》→ 出し惜しみする、けちけちする)

(全訳)

　ネルグイが「市場へ行って<u>目の保養をして</u>こよう」と言ったところ、妻のアディルビシは「それじゃ、ついでに人に<u>プレゼントする</u>ものを買ってきて下さい」と言うや、「でも、<u>けちけちし</u>ないでね」と付け加えて言いました。

3. нүдний цөцгий, алган дээрээ бөмбөрүүл-, баастай бурхан

нүдний цөцгий мэт хайрлах　(《目の瞳のように愛する》→ 非常に大事にする、目の中へ入れても痛くない)

алган дээрээ бөмбөрүүлэх　(《(～を)掌の上で転がす》→ ひどく甘やかす、過保護に育てる)

баастай бурхан　(《ウンチたれの仏様》→ かけがえのないもの、一番大切なもの、一生の宝)

(全訳)

　ベルグテイは、一人娘のアノジンを<u>目の中へ入れても痛くない</u>ほど大事にして<u>ひどく甘やかして</u>育てている時、心の中で私の<u>かけがえのないもの</u>といつも思っていました。

B.2

2.1

1. **зүү орох зайгүй**　(《針が入るすき間のない》→ 非常に親しい、「切っても切れない」の類)

2. **буруу ишилсэн сүх шиг**　(《逆に柄をつけた斧のように》→ 頑固な、「へそ曲がり」の類)

3. **тэнгэр баганадах**　(《天を柱で支える》→ 非常に高く見える、「天を衝く」の類)

4. аавын цээж гаргах （《お父さんの胸を出す》→ 小さな子供なのに大人のように振舞う、「おませである、大人顔負けである」の類）
5. модон өмд өмсчихсөн юм шиг （《木のズボンをはいてしまったように》→ 座らないで銅像のように立っている、「棒のように立つ」の類）
6. будаа идэх （《（人から）飯を食う》→ 試験を受ける時、人の力を借りる、人のものを書き写す、「カンニングする」の類）
7. нохойн дуу ойртох （《犬の声が近づく》→ 物事が終わりに近づく、「間近に迫る」の類）
8. ганзага нийлэх （《鞍ひもが合う》→ 気の合った人々の仕事がうまく行く、「足並みが揃う」の類）

2.2
1. 私は昨晩こわい夢を見て急に目が覚めました。
   хар дарах （《黒く押さえる》→ こわい夢を見る、悪夢を見る）
2. 私が君よりも少し多くの経験を積んだことを忘れてはいないだろうね。
   оймс элээх （《靴下をすりへらす》→ 多くの経験を積む、場数を踏む）
3. 君はどこでこんなにまでべろんべろんに酔ってしまったのだ。
   мал болох （《家畜になる》→ べろんべろんに酔う、ひどく酔っぱらう）
4. 大横綱は今回もまた土つかずで優勝しました。
   өвдөг шороодох （《ひざに土がつく》→（相撲で）負ける、土がつく）
5. 新しく一年生に入学した生徒たちは、自分の先生が黒板に書いていることを非常に注意深く見ていました。
   нүд цавчилгүй （《まばたきせずに》→ 非常に注意深く、目を凝らして）
6. ホラー映画を見ていたドルジは、身の毛がよだつようでした。
   оройн үс өрвөсхийх （《頭髪が逆立つ》→ 恐怖でぞっとする、身の毛がよだつ）
7. 私たち二人は長年一緒に働いていたので、互いに本当に心のうちまで知り尽くしています。
   дотор нь ороод гарсан юм шиг мэдэх （《中に入って出たように知る》→ 心のうちまで知り尽くす）
8. 両親は、一人息子を一人前に育てて学問の道を歩ませたのです。
   гарыг нь ганзаганд хөлийг нь дөрөөнд хүргэх （《手を鞍ひもに足をあぶみに届かせる》→（〜を）一人前に育てる、成人させる）

付録

(ХАВСРАЛТ)

1. 名詞の格語尾

格	形式 / 音声環境	意味
1. 主格	Ø（ゼロ語尾）	～は、～が （主題）
2. 属格	a. -ын (-ийн) / その他 b. -ы (-ий) / н終わり、隠れた н c. -гийн / 長母音、隠れた г d. -н / 二重母音	～の（所属、所有）
3. 与位格	a. -д / その他 b. -нд / 隠れた н c. -т / 主に г, р, с の後で	～に、～で （対象、場所）
4. 対格	a. -ыг (-ийг) / その他 b. -г / 長母音、二重母音、 隠れた г	～を（目的）
5. 奪格	a. -аас⁴ / その他 b. -наас⁴ / 隠れた н c. -гаас⁴ / 長母音、二重母音、 隠れた г	～から、～より （起点、比較）
6. 造格	a. -аар⁴ / その他 b. -гаар⁴ / 長母音、二重母音、 隠れた г	～で、～によって、 ～に （手段、方法、時間・空間の広がり）
7. 共同格	-тай³ (*-төй は表記しない)	～と （共同）
8. 方向格	руу² (～ луу²) 分かち書きする	～の方へ、～へ （方向）

注）与位格の古形として、-аа⁴（モンゴル文語 -a / -e に相当）があり、これは現代語では文語的であり、専ら若干の限定された語にのみ接続される。
тан<u>аа</u> (= танд)《あなたに》　　хотн<u>оо</u> (= хотод)《市にて》

2. 人称代名詞の格変化

		単数	複数
一人称	主格	би	бид
	属格	миний	бидний ［包括形］ / манай ［排除形］
	与位格	надад 〜 над (口語で)	бидэнд
	対格	намайг	биднийг
	奪格	надаас	биднээс
	造格	надаар	биднээр
	共同格	надтай	бидэнтэй
	方向格	над руу	бидэн рүү

		単数		複数
二人称	主格	чи ［親称］	та ［敬称］	та нар
	属格	чиний	таны	та нарын
	与位格	чамд	танд	та нарт
	対格	чамайг	таныг	та нарыг
	奪格	чамаас	танаас	та нараас
	造格	чамаар	танаар	та нараар
	共同格	чамтай	тантай	та нартай
	方向格	чам руу	тан руу	та нар луу

		単数		複数	
三人称	主格	энэ ［近称］	тэр ［遠称］	эд ［近称］	тэд ［遠称］
	属格	үүний	түүний	эдний	тэдний
	与位格	үүнд	түүнд	эдэнд	тэдэнд
	対格	үүнийг	түүнийг	эднийг	тэднийг
	奪格	үүнээс	түүнээс	эднээс	тэднээс
	造格	үүгээр	түүгээр	эднээр	тэднээр
	共同格	үүнтэй	түүнтэй	эдэнтэй	тэдэнтэй
	方向格	үүн рүү	түүн рүү	эдэн рүү	тэдэн рүү

3. 人称所有語尾

	単数	複数
1人称	минь《私の》	маань《私たちの、うちの》
2人称	чинь / тань（敬称・頻度少）《君の、あなたの》	тань《あなたたちの、おたくの》
3人称	нь《その、彼の、彼女の / 彼らの、彼女らの》	

4. 動詞の態

形式	機能の変換	意味	
1. -ø- 形	——	——	
2. -уул²- 形（〜-лга⁴-〜-га⁴-〜-аа⁴-）	［自/他］→［他］	①使役・授受（〜させる）（〜してもらう）	②迷惑・被害（〜られる）
3. -гда⁴- 形（〜-да⁴-〜-та⁴-）	［他］→［自］	①受身（〜られる）	②迷惑・被害（〜られる）
4. -лца⁴- 形	［自］→［自］ ［他］→［他］	①共同（共に〜する）	②相互（互いに〜する）
5. -лда⁴- 形	［自/他］→［自］	①相互（互いに〜する）	②共同（共に〜する）
6. -цгаа⁴- 形	［自］→［自］ ［他］→［他］	多数（大勢の動作主が、みんなで一斉に〜する）	

（自：自動詞、他：他動詞）

5. 動詞の連体語尾

1. -сан⁴	過去	《〜した》
2. -аа⁴	継続	《〜している》
3. -даг⁴	習慣	《常に〜する》
4. -гч	行為者	《〜する(ものの)》
5. -х	未来	《〜する(ところの)》
6. -маар⁴	可能性・願望	《〜すべき、〜に値する / 〜したい》
7. -ууштай²	当然	《〜すべき、〜に値する》
8. -хуйц²	程度	《〜しうる、〜するほどの》

6. 動詞の連用語尾

1. -ж / -ч	結合	《〜して》
2. -аад⁴	分離	《〜して(から)》
3. -н	同時	《〜し、〜しつつ》
4. -саар⁴	継続	《〜し続けて、〜しながら》
5. -вал⁴ / -бал⁴	条件	《〜すれば》
6. -вч	譲歩	《〜しても》
7. -тал⁴	限界	《(期限)〜するまで / (時)〜すると》
8. -магц⁴	即時	《〜するやいなや》
9. -хлаар⁴ (〜 -хаар⁴)	直後	《〜したら(その後で)》
10. -хаар⁴	目的	《〜するために、〜しに》
11. -нгаа⁴	随時	《〜しながら、〜するついでに》
12. -нгуут² (〜 -уут²) ［頻度少］)	後続	《(即時)〜するとすぐに / (随時)〜しながら》

7. 動詞の終止語尾

1. -на⁴	非過去（＝現在・未来）	《～する》
2. -в	単純過去	《～した》
3. -лаа⁴	完了	《(近過去)(今しがた)～した/ (近未来)(今すぐ)～する》
4. -жээ / -чээ (～ -ж / -ч)	遠過去	《(すでに)～したのだ》

以下は、元来は連体語尾であるが、文末で終止語尾扱いされる主なものである。

5. -сан⁴	過去	《～した》
6. -аа⁴	現在完了	《(継続)(今まで)～している/ (完了)(今の所)～した》
7. -даг⁴	習慣	《常に～する》
8. -х	未来	《～する》

8. 動詞の命令願望語尾

1. -я / -е / -ё	1人称・意志	《～します、～しよう》
2. -сугай² [古形]	1人称・決心	《～しよう/ (～に)～させよう》
3. -ø (ゼロ語尾)	2人称・命令	《～せよ》
4. -аач⁴	2人称・依頼	《～してよ、～してね》
5. -аарай⁴	2人称・要求命令	《～しなさい、 ～してください》
6. -уузай²	2人称・懸念	《～しないように》
7. -гтун² [古形]	2人称・呼びかけ	《～せよ、～するように》
8. -аасай⁴	(主に)3人称・願望	《～したらなあ》
9. -г	3人称・許可	《～させよ、～してよい》
10. -тугай² [古形]	3人称・祈願	《～するように、 ～ならんことを》

9. 補助動詞

V₁	－	連用語尾	＋	V₂
〈本動詞〉		→ 主に、結合 -ж / -ч、 分離 -аад⁴、及び一部、 同時 -н もある。		〈補助動詞〉 → アスペクト表示

	原義	補助動詞の意味
1. ав-	《取る》	獲得アスペクト 《(自分の利益のために) 十分に〜する》
2. ѳг-	《与える》	授受アスペクト 《(他者のために) 〜してあげる(くれる)》
3. үзэ-	《見る》	経験アスペクト 《(試しに)〜してみる》
4. орхи-	《置く》	完了アスペクト 《(完全に)〜してしまう》
5. суу-	《座る》	静止・進行アスペクト 《ずっと〜している》
6. гар-	《出る》	始動・継続アスペクト 《〜し始めて、その状態が続いている》
7. эхлэ-	《始まる》	始動アスペクト 《〜し始める》

|著者紹介|

塩谷茂樹［しおたに・しげき］
　石川県生まれ。
　大阪大学 世界言語研究センター 教授。
　1991年、京都大学大学院文学研究科言語学専攻、博士後期課程単位取得退学。
　1980-82年、モンゴル国立大学留学。
　専門、モンゴル語学。
　『初級モンゴル語』（共著）大学書林 2001
　Studies of Mongolian Morphology and Vocabulary Ulaanbaatar 2004
　『モンゴル語ことわざ用法辞典』（共著）大学書林 2006
　『モンゴル語文法問題集―初級・中級編―』（共著）東外大AA研 2009
　『モンゴル語ハルハ方言における派生接尾辞の研究〈改訂版〉』大阪 2009
　『世界の言語シリーズ3 モンゴル語』（共著）大阪大学出版会 2011

Ya. バダムハンド［Yamaakhuu BADAMKHAND］
　モンゴル国オラーンバータル出身。
　大阪大学 外国語学部 非常勤講師。
　2010年、大阪大学大学院言語社会研究科言語社会専攻、博士後期課程修了。
　2010年3月、博士号（言語文化学）取得。
　専門、モンゴル語学、日本語学。
　『モンゴル語文法問題集―初級・中級編―』（共著）東外大AA研 2009
　『モンゴル語会話―初級・中級編―』（音声録音CD 2枚付）東外大AA研 2009
　『モンゴル語読解―初級・中級編―』東外大AA研 2009
　『モンゴル語の形状語に関する研究』大阪大学言語社会学会 博士論文シリーズ Vol.52 2010

目録進呈　落丁本・乱丁本はお取替えいたします。

平成 23 年 8 月 30 日　　　　© 第 1 版発行

初級モンゴル語練習問題集	著　者	塩 谷 茂 樹 Ya. バダムハンド
	発行者	佐 藤 政 人
	発 行 所 株式会社 大 学 書 林 東京都文京区小石川 4 丁目 7 番 4 号 振替口座　　00120-8-43740 電　話　(03)3812-6281〜3番 郵便番号112-0002	

ISBN978-4-475-01889-0　　　　豊国印刷・牧製本

大学書林 語学参考書

著者	書名	判型	頁数
塩谷茂樹 E.プレブジャブ 著	初級モンゴル語	B6判	240頁
塩谷茂樹 E.プレブジャブ 著	モンゴル語ことわざ用法辞典	B6判	368頁
田中セツ子 著	現代モンゴル語口語辞典	A5判	392頁
小沢重男 著	現代モンゴル語辞典（改訂増補版）	A5判	976頁
小沢重男 著	モンゴル語四週間	B6判	336頁
小沢重男 編	モンゴル語基礎1500語	新書判	140頁
小沢重男 編	モンゴル語会話練習帳	新書判	188頁
小沢重男 著	モンゴル語の話	B6判	158頁
小沢重男 著	蒙古語文語文法講義	A5判	336頁
小沢重男 訳注	道	新書判	174頁
小沢重男 訳注	モンゴル民話集	新書判	122頁
竹内和夫 著	トルコ語辞典（改訂増補版）	A5判	832頁
竹内和夫 著	日本語トルコ語辞典	A5判	864頁
竹内和夫 著	トルコ語辞典（ポケット版）	新書判	544頁
勝田 茂 著	トルコ語文法読本	A5判	312頁
水野美奈子 著	全訳中級トルコ語読本	A5判	184頁
松谷浩尚 著	中級トルコ語詳解	A5判	278頁
竹内和夫 編	トルコ語基礎1500語	新書判	152頁
松谷浩尚 編	トルコ語分類単語集	新書判	384頁
水野美奈子 著	トルコ語会話練習帳	新書判	238頁
勝田 茂 著	トルコ語を話しましょう	B6判	144頁
林 徹 アイデンヤマンラール 著	トルコ語会話の知識	A5判	304頁

－目録進呈－